등기법 암기 연구
-등기 관련 장부 등을 중심으로

수학연구사

목 차

머리말 ·· 1

Part 1. 학습 포인트 ··· 3

1. 등기의 유효요건 ·· 4
2. 중복등기의 효력과 그 정리 ·· 5
3. 등기에 대한 장부 ·· 6
4. 판결에 의한 등기신청 ·· 13
5. 법인 아닌 사단 또는 재단의 등기신청 ······························· 15
6. 등기필정보 ·· 19
7. 대리인에 의한 신청 ··· 21
8. 일부 말소 의미의 경정등기 ·· 22
9. 파산이나 회생의 등기 ·· 27
10. 농지자격취득증명 ·· 33
11. 부동상거래계약신고필증과 매매목록정보 등의 거래가액등기 등 ······· 34
12. 토지수용으로 인한 소유권이전등기 ··································· 39
13. 신탁에 관한 등기 ·· 42
14. 신탁등기 ··· 45
15. 저당권 근저당권등기 ··· 53
16. 기타 등기 ··· 55

Part 2. **학습의 팁** ·· 59

1. 풀어내는 식으로 공부하기 ·· 60
2. 대화 내지는 대화체를 염두에 두고 생각하기 ···················· 65
3. 좋은 변화로 바뀌는 학습 주변 여건들이 변화 ·················· 68
4. 심리적으로 긍정적 변화가 찾아온다 ···································· 71
5. 지식을 돌출 정도로 하려면 노래 암기가 최고다 ·············· 73
6. 8진법 ··· 76
7. 전문 공부 ··· 82
8. 스타링크 ··· 88

머리말

자신에게 놓인 환경은 어떻게 생각하는가의 문제이다

결국 자신의 문제다. 즉 자신에게 놓인 환경도 이것을 부정적으로 볼지 긍정적으로 볼지는 자신의 문제다. 다이어트도 참으로 힘이 들지만 그게 물살을 타면 오히려 뺄 살이 있다는 것을 신에게 감사해하고 뺄 살이 얼마 남아 있지 않으면 신을 원망하기도 한다. 참으로 묘한 게 인간이다. 그러니 학습도 당신이 어떻게 생각하는가의 문제가 된다.

자신만의 복기리듬 복기 시스템을 가져야 합격한다

결국 공부한 시험이란 외워내는 것이다. 많이 적는다고 해서 되는 것도 아니고 잘 적어서 잘 기억을 하는 것도 결국 어떻게 해서 잘 하는가의 문제로 귀결된다. 그래서 아주 중요한 것은 자신만의 복기 리듬, 복기 시스템을 가져야 합격한다는 점이다.

자신의 학습시스템이 여러분의 의욕을 제대로 흡수하는 구조인가 보자

시험을 준비하는 사람치고 의욕이 없는 사람이나 합격하고자 하는 마음이 없는 사람은 없다. 그러나 자신의 공부 시스템이 그런 여러분들의 의욕을 흡수하고 가는 구조인지를 늘 고민해야 한다. 우리의 시스템은 바로 그런 여러분들의 의욕을 극대화해서 흡수 반영한다.

잡념의 완전 수렴

사실 공부를 해야 하는 입장에서는 잡념을 잘 수렴해야 하는데 그게 잘 안 된다. 오히려 공부를 하는 입장에서는 더욱더 잡념이 많이 생긴다. 합격에 대한 불안감을 생각하면 말이다. 그런 수험생의 마음을 이해해서 잡념도 공부로 수렴시키는 것이 이 책의 구조이다.

장인이 한땀 한땀 만들 듯이 결과물이

공부를 하면서 스스로 지금 장인이 한땀 한땀 만들듯이 하고 있다고 느껴진다면 그것은 아주 제대로 된 공부이다. 그리고 그렇게 되면 결과물도 자랑스럽다. 내부적으로 생각하기에 잘 떠올려지고 잘 정리되어져서 자랑스럽고 외부적으로도 크게는 이상하지 않아서 자랑스럽다. 내가 하는 일이 자랑스럽고 보람 있는 궤도로 가고 있어서 좋다고 느끼게 된다.

저 사람은 지식이 끊이지 않네

우리가 공부가 많이 된 사람 공부가 잘된 사람은 지식이 끊이지 않고 나옴에 대해서 구경을 하게 된다. 그것이 바로 일자화 이다. 그 사람은 머리를 그리고 지식을 일자로 정렬을 시켜둔 것이다. 그러니 그렇게 잘 나온다. 그런 일자화를 시켜주는 게 바로 필진들의 노력이다. 그리고 그 핵심에 4자성어가 있다. 즉, 4자성어는 단순한 두문자가 아니라 일자화의 핵심 엘리먼트이다.

1. 등기의 유효요건

-충청북도 교육감은 등기 당사자능력이 없다. 집행기관일 뿐이다

1) 최종암기로는 (1)

교육감 (능력) 없다-유관링크사업단

2) 최종암기적으로(2)

유관링크사업단에서 만든 기술을 그런 바이오기술을 이용하면 욕창이 없다고 하니 다행이다.

원문은 제정 2023. 11. 24. [등기선례 제202311-4호, 시행] : 등기당사자능력은 권리능력자 및 법인 아닌 사단이나 재단(「부동산등기법」제26조)에게 인정되는 것으로, '충청북도 교육감'은 시·도의 교육·학예에 관한 사무의 집행기관일 뿐(「지방교육자치에 관한 법률」제18조 제1항), 등기당사자능력자가 아니다(시·도가 등기당사자능력자임).

2. 중복등기의 효력과 그 정리

-건물 중복등기 정리절차에 관한 업무처리지침 개정 2011.10.11 [등기예규 제1374호, 시행 2011.10.13.]에서와 같이, 각각 일반건물과 구분건물로 보존등기가 경료되어 있는 경우라도 그 지번 및 도로명주소, 종류, 구조, 면적이 동일하고 도면에 나타난 건물의 길이, 위치 등이 동일하다면 동일건물로 볼 수 있다.

최종이유적으로

이 지문을 시험에서 그냥 보면 오해를 할 여지가 중분하다. 이는 중복등기 정리를 위한 예규에서 전제로서 나왔으니 그런데 이 지문만 읽어보면 '아니 서로 다른 건물인데 어찌 동일건물이래?"하고 오해하게 읽을 여지는 충분하다.

3. 등기에 대한 장부

-각종통지부는 1년간 보관한다

1) 최종암기(1)

각종 통지 일년-일련의 감정들

참고로 걱정인형을 가지고 한 적이 있다. 동양생명에서 나온 걱정인형이 여기에 가깝다. 그러나 그것은 인형이 유음화로 이년에 가깝기 때문에 제외를 시키도록 한다.

2) 최종암기(2)

각종 통지 일년-걱정일랑하지마세요

우리가 주변에 애교스럽게 걱정말라고 할 때 잘 쓰는 표현이다. 일련의 감정들이 든다고 해서 걱정일랑 하지 말아라. 그것은 다 자연스러운 것이니 말이다. 생활에서 자기 스스로에게 할만 한 말들이다. 마음 수양이 많이 된 사람이다. 마음수련이 말이다. 이또한 지나가리를 다 좋은 쪽으로 말이다. 걱정한다고 되는 것도 아니고 말이다.

3) '걱정'이라는 요소에서의 상반성을 가지고 법암기학자들의 암기시도

헌법에서는 다음과 같은 것이 나온다

심의 각자-십이간지

심의 각자-심히걱정스럽다

4) 최종암기(3)

각종 통지 일 년에서 각종보다 좀 더 통지쪽에서 포커스를 두고 암기를 시도한다.

(각종) 통지 일년 –일론머스크통지

일론머스크의 회사는 인재들에 대해서 가혹하게 통지로 해고를 시킨다던지 하는 점도 유명하다. 반면에 임원으로도 아주 빨리 문자메시지등으로 통지한다.

5) 최종암기(4)

(각종) 통지 일년-임원통지

-법률안 심의·표결권은 헌법기관으로서의 국회와 국회의원 각자에게 모두 보장된다

1) 최종암기적으로(1)

심의 각자-십이간지

2) 최종암기적으로(2)

심의 각자-심히걱정스럽다

십이간지 나름대로의 다 심히 걱정스러운 뜻을 가지고 있다. 그러니 운수는 보나 마나이다.

3) '걱정'이라는 공통된 심리요소에서의 상반성을 가지고 하는 법암기학자들의 노력

등기법에 다음과 같은 것들이 나온다

각종 통지 일년-일련의감정들

각종 통지 일년-걱정일랑하지마세요

원문은 이러한 국회의원의 법률안 심의·표결권은 헌법기관으로서의 국회의원 각자에게 모두 보장된다는 것 또한 의문의 여지가 없다(헌재 1997. 7. 16. 96헌라2)

-등기법상 같은 접수장이라도 부동산등기신청서 접수장은 5년인데, 기타 문서접수장은 왜 그것보다 긴 10년이 보존기간인가?

최종이유적으로

단순한 우열 관계가 아니라, 문서의 성격과 사용 용도에 따른 기능적 차이에서 비롯된다. 먼저 부동산등기신청서 접수장 (5년)는 부동산등기신청서의 접수 기록을 정리한 장부다. 내용은 신청인, 접수번호, 접수일자, 등기유형 등 개별 등기신청에 관한 기본사항 요약을 한다. 기록 목적은 등기사건 처리의 기초 정보 관리이다. 왜 5년인가? 등기사항은 전산 등기기록으로 영구 관리되며, 접수장 자체는 단순한 행정처리 보조기록으로 기능하기 때문이다. 등기완료 후 일정 기간이 지나면 분쟁 가능성이 낮아지고, 중복 확인 수단(등기기록, 처리기록 등)이 있으므로 상대적으로 짧은 5년만 보존한다.

반면에 기타 문서접수장 (10년)은 일반 부동산등기신청 외에 등기관이 처리하는 다양한 기타 문서의 접수기록을 관리한다. 예시로서 이의신청서/결정신청서/정정신청/보정요구에 대한 제출서류/이해관계인 제출문서 등이다. 왜 10년인가? 이런 문서들은 등기 절차 외에 분쟁 발생 소지가 있는 특별한 사항과 연관되는 경우가 많다. 예를 들어 이의신청서는 등기무의 오류나 이해관계 분쟁과 관련되고 결정서는 등기관의 판단에 대한 근거 기록이 된다. 따라서 사후 분쟁 발생 시 책임소재를 확인할 필요가 있어, 보존기간이 더 길다.

-등기법상 여러 가지 문서의 접수 및 편철장은 다 10년이다. 즉 기타 문서접수장, 결정원본편철장, 이의신청서류편철장, 사용자 등록신청서류 편철장은 모두 10년이되, 신청서 부속서류 는 그것보다 단계가 낮은 5년이다. 그래서 신청서 기타 부속서류 편철장은 5년이다. 사용자등록신청서류 편철장

에서 다루는 것과 신청서기타부속서류 편철장에서 다루는 것은 어떻게 차이가 나나?

최종이유적으로

등기법상 문서 보존 체계에서 "사용자등록신청서류 편철장"과 "신청서 기타 부속서류 편철장"은 둘 다 편철 방식으로 보존되는 문서철이지만, 다루는 서류의 성격과 기능에서 분명한 차이가 있다.

1. 사용자등록신청서류 편철장 (보존기간: 10년): 다루는 문서의 성격은 전자등기시스템 사용자 등록과 관련된 서류를 따로 모아 편철한다. 구체적으로는 전자서명 등록신청서/ 사용자 등록 신청서/ 자격증명서 사본 (예: 변호사, 법무사 자격증 등)/ 신분확인서류/ 기타 전자등기 사용자 등록 관련 첨부서류 등이다. 그 기능 및 취지는 전자적 방식의 등기신청을 하기 위한 자격 확인용 서류 보관이다. 등기소가 신청인의 신원 및 자격을 사전에 심사하고 관리하기 위한 행정기록이고 등기 '사건'과 직접 연결된 서류는 아니다.

2. 신청서 기타 부속서류 편철장 (보존기간: 5년): 다루는 문서의 성격은 등기 사건 개별 신청서에 첨부되는 부속서류 중 등기기록에 편철되지 않는 기타 서류를 보관한다. 예시로서 인감증명서/ 위임장/ 주민등록초본/ 매도용 인감증명서/ 법인등기부등본/ 등기필증(폐지되었지만 과거엔 존재) /기타 일회성 서류다. 기능 및 취지는 등기 사건별 처리 과정에서 필요한 확인 자료이지만, 등기완료 후에는 법적 효력이 지속되지 않는다. 단건 사건 중심으로 보존되며, 일정 기간 후 폐기 가능하다.

특히 여기서 신청서 기타 부속서류 편철장은 등기기록에 편철되지 '않는'이라는 말이 포인트가 된다.

-등기신청에 대해서 각하결정원본은 결정원본 편철장에 편철한다: 이말 자체를 외우자

1) 최종암기적으로(1)

결정 편철-펜잘큐정/펜잘큐결정

두통엔 펜잘 정식명칭은 펜잘큐정이다. 펜잘큐의 덩어리 결정하나를 생각해도암기가 더 편해지기도 한다.

2) 최종암기적으로(2)

결정 편철-겔상 편성

펜잘큐정 또는 펜잘큐결정은 알약 즉 고체 상태의 딱딱한 모양인데 그것을 젤리 즉 물컹물컹한 타입으로 해서 겔상으로 편성을 해서 처방전을 내림에 대한 것이다.

보충암기적으로

결정 편철-헌철헌종철종

헌철헌종철종 헌종철종시의 백성들의 살림살이는 머리가 아프다. 그래서 당시에도 펜잘큐정같은약이 필요했다. 〈머리아파〉. 결정원본편철장에 싣는 것은 〈골결정력〉적인 마음이다. 즉 결정을 했으니 그 내용에 대해서 수렴적으로 모아서 제시를 한다는 마음이다.

4. 판결에 의한 등기신청

-판결 등 집행권원에 의한 등기의 신청에 관한 업무처리지침 개정 2020.07.21 [등기예규 제1692호, 시행 2020.08.05.]에 의할 때, 재심의 소에 의하여 재심대상 판결이 취소된 경우 그 재심판결로 취소된 판결에 의하여 경료된 소유권이전등기의 말소등기 신청은 안 된다고 한다. 그 이유나 취지는?

최종이유적으로

이것은 실무적으로도 다소 의아할 수 있는데, "판결이 취소되었으면 그에 따른 등기도 소급해서 말소해야 하는 것 아니냐?"는 의문이 생기기 때문이다. 그런데도 말소등기를 허용하지 않는 이유는 다음과 같은 법리적·실무적 취지에 근거한다. 재심판결로 취소된 판결에 의해 이루어진 등기는, 그 자체로 당연히 무효가 되는 것이 아니며, 등기말소를 위해서는 별도의 실체적 근거가 필요하기 때문이다. 재심 판결은 "취소"의 효력은 있지만, 기존 판결의 효력을 '소급 무효'로 하는 것은 아니다. 민사소송법상 재심은 "원판결을 뒤집는 절차"지만, 그 법적 효력은 '소급 무효'가 아니라 '기존 판결을 나중에 부정'하는 것이다. 즉, 기존 판결이 당시 시점에서는 유효하게 존재했고, 그에 따른 등기도 "당시 기준으로는 적법하게 성립된 것"이다. 따라서 그 판결로 생긴 등기를 말소하려면, 재심판결만으로는 부족하고, '말소를 명하는 집행권원(새 판결 등)'이 별도로 필요하다. 등기말소는 단순히 "원인이 잘못되었다"는 것만으로 되는 것이 아니라, 민법 제251조 이하에 따라 말소등기청구권이라는 실체법상 권리가 있어야 한다. 재심판결로 종전 판결이 취소되었다고 해도, 등기명의인이 그 말소에 동의하지 않으면 강제로 말소하려면 다시 별도 판결이 필요하다. 즉 등기행위 자체가 '절차상 무효'거나 '위조'와 같은 경우와 달리, 재심취소는 실체적으로 "새로운 권리관계"를 확정해 준 것이지, 등기를 당연히 무효로 돌리는 건 아니라는 점이다. 이는 등기부의 안정성과 이해관계인의 보호를 위한 것이다. 즉 등기는 공신력을 갖지 않지만, 등기부의 안정성은 실무상 매우 중시된다. 만약 재심으로 판결이 바뀔 때마다 자동으로 등기를 말소할 수 있게 해주면, 등기신청권자의 판단이 흔들리고, 등기를 기초로 이해관계를 맺은 제3자 보호도 곤란해진다. 따라서 법원 판결이 바뀌더라도 별도의 등기권원(예: 확정판결, 화해조서 등)이 없으면 등기소는 자의적으로 등기를 말소할 수 없다.

그럼 재심에 기한 말소등기청구를 소로 제기하나? 그렇다. 재심판결의 내용을 기초로 "말소등기청구의 소"를 제기한다, 그래서 피고: 등기명의인 청구취지: "○○ 부동산에 관하여 20○○.○○.○○ 접수 제○○호로 된 소유권이전등기의 말소등기를 하라" 라는 식으로 제기한다.

5. 법인 아닌 사단 또는 재단의 등기신청

-법인 아닌 사단의 등기신청에 관한 업무처리지침 개정 2017.04.12 [등기예규 제1621호, 시행 2017.04.28.]에 따르면, 법인 아닌 사단이 등기신청을 하기 위해서는 신청서에 법인 아닌 사단의 대표자 또는 관리인의 성명, 주소 및 주민등록번호를 기재하여야 하고, 등기권리자일 경우에는 법인 아닌 사단의 부동산등기용등록번호를 기재하여야 한다. 여기서 주민등록번호까지 적는 것은 비법인사단이 의무자 일 때나 권리자 일 때 공히 적으라는 의미가 되는가? 특히 대표자 주민번호와는 어떻게 구별이 되는가?

최종이유적으로

등기부의 권리 귀속은 식별 가능성이 핵심이다. 등기권리자(예: 소유자, 지상권자, 전세권자 등)는 등기부에 법적인 권리 주체로 기재되며, 향후 권리 이전, 처분, 말소, 설정 등 등기행위의 기초가 되는 주체다. 그런데 "법인 아닌 사단"은 고유의 법인격도 없고, 주민등록번호 같은 고유번호도 없기 때문에 사단의 정확한 동일성 식별이 어렵다. 따라서 사단을 고유하게 식별할 수 있는 번호(=부동산등기용등록번호)를 반드시 붙여야 등기부상 동일한 사단인지 명확하게 판단 가능하다.

그러나 역으로 등기의무자일 때는 "새로 등재되지 않기 때문" 에 굳이 필요가 없다. 등기의무자는 등기부상 사라지는 주체이거나 그저 상대방(예: 양도인, 설정자)으로 등장하는 입장이다. 이 경우 등기상 새로운 권리귀속 관계가 발생하지 않기 때문에 등기부의 식별번호를 통해 새로운 주체를 기재할 필요가 없다. 따라서 등록번호 기재를 생략해도 등기행위에 지장이 없다.

특히 대표자/관리인의 인적사항과는 논리적 분리가 된다. 대표자나 관리인의 성명·주소·주민번호는 신청서를 작성할 때 그 사단의 행위주체로서 확인용이고, 이 정보는 사단의 식별이 아니라 대표권 존재와 실질 신청 주체의 적법성 확인에 쓰인다. 반면 부동산등기용등록번호는 등기부에 직접 '등장'할 권리자 명칭(=사단명)의 유일성을 부여하는 장치다.

-법인 아닌 사단의 등기신청에 관한 업무처리지침 개정 2017.04.12 [등기예규 제1621호, 시행 2017.04.28.] 에 따르면, 법인 아닌 사단이나 재단에도 임시이사의 선임에 관한 규정인 민법 제63조 의 규정을 유추 적용할 수 있다. 여기서 이 조항의 유추적용여부가 좀 뭔가 첨예하게 대립되는 부분이 있는가? 실익이 있는가?

최종이유적으로

판례의 결론은 관리필요성 때문에 유추된다고 본다. 그 각각의 논거는 다음과 같다.

유추 적용 긍정설은 비법인사단도 단체로서 활동하기 위해 '이사'에 상응하는 대표자관리인이 있다. 민법은 '법인'에 한정했지만, 사단법리 일반은 적용 가능하다. 단체 운영이 마비된 경우 구제 필요성 존재 반대로 부정설은 유추 적용 안 된다 (부정설). 민법 제63조는 명시적으로 '법인'에 한정하니 말이다. 비법인사단은 법인격이 없으며, 이사라는 제도 자체가 존재하지 않는다. 자율적 정관·총회 결정에 위임하는 것이 원칙이다. 다만 이렇게 해서는 외움에 좀 약하기에 추가로 암기도구를 사용한다.

최종암기적으로(1)

비법 임시-임시비번

임시로 설정한 비밀번호를 의미한다

최종암기적으로(2)

비법 임시-임시요리비법

임시변통으로 때울 수 있는 요리 비법을 의미한다. 비밀레시피 개념 속성레시피 개념이다.

-법인 아닌 사단의 등기신청에 관한 업무처리지침 개정 2017.04.12 [등기예규 제1621호, 시행 2017.04.28.] 에 따르면, 법인 아닌 사단이나 재단이 (근)저당권설정등기신청서에 채무자로 기재되어 있는 경우, 등기부에 그 사단 또는 재단의 부동산등기용등록번호나 대표자에 관한 사항은 기록할 필요가 없다. 왜 여기서 무슨 논리적 이유로 기록할 필요가 없다고 하나?

최종이유적으로

비법인사단이 채무자로 기재된 경우에도, 그건 등기사항이 아니기 때문에 부동산등기용등록번호나 대표자 정보를 등기부에 기재할 필요가 없는 것이다.

6. 등기필정보

-등기의무자의 등기필정보 제공에 관한 업무처리지침 제정 2018.05.01 [등기예규 제1647호, 시행 2018.05.01.]에 따를 때, 대지사용권에 관한 이전등기를 신청하는 경우에, 구분건물을 신축하여 분양한 자가 대지권등기를 하지 아니한 상태에서 수분양자에게 구분건물에 대하여만 소유권이전등기를 마친 다음,「부동산등기법」제60조제1항 및 제2항 에 따라 현재의 구분건물의 소유명의인과 공동으로 대지사용권에 관한 이전등기를 신청하는 경우에는 등기필정보를 제공하지 않아도 된다. 이때는 절차간소화 때문이라는데 좀 더 구체적인 이유는?

최종이유적으로

해당 예외는 실무상 반복적으로 발생하는 정형적 상황이다. 대규모 분양에서 건축물만 소유권이전등기를 마치고, 대지권등기는 나중에 일괄 처리하는 사례가 많다. 이때마다 건설사의 등기필정보를 다시 제출하게 되면 건설사가 등기필정보를 재발급 받아야 하는 행정 부담이 크다. 실제로는 진정한 소유자이므로 의사 확인 수단으로서 불필요하게 중복된다. 그래서 2018년 예규(제1647호)를 통해, 이런 반복적이고 실질적으로 위험이 없는 상황에서는 등기필정보를 생략해도 공적 진정성 확보 요건이 충족된다고 본 것이다.

최종암기적으로

분양 대지 기필 (불제출)-댕스기빙데이

댕스기빙데이에는 풍족히 먹어야 하니까 돼지고기무한리필집으로 간다. 부담 없으니 마음껏 먹어라. 등기필 제출의 부담도 없으니 마음껏 먹어라. 〈홀가분〉함이 가득하다. 풍성한 댕스기빙에 돼지고기무한리필을 즐기는 것도 대기권에 기필 제출이 없으니 마음이 〈홀가분〉해서이리라.

7. 대리인에 의한 신청

-등기예규 1088호에 따를 때 상속재산협의분할협의서를 작성하는데 있어서 친권자와 미성년자인 자 1인이 공동상속인인 경우 친권자가 상속재산을 전혀 취득하지 않아도 미성년자를 위한 특별대리인은 선임을 해야 한다고 한다. 그 논거적 이유는?

최종이유적으로

협의분할은 법률행위이며, 이익충돌의 가능성이 있다. "친권자가 상속분을 전혀 취득하지 않는다" 해도 이익충돌은 여전히 존재. 언뜻 보면, 친권자가 아무것도 안 받으면 "이익충돌이 없다"고 생각할 수 있다. 그러나 실무와 판례에서는 이익충돌의 존재 여부는 형식이 아니라 실질로 판단한다. 예시를 제시하면, 친권자가 협의 과정에서 일부 재산을 포기했지만, 자녀에게 반드시 유리한 방향인지 보장할 수 없다. 혹은, 재산의 구성·분할 방식에 따라 자녀에게 손해가 생길 수도 있다. 즉, 자녀의 이익을 친권자가 제대로 대표할 수 없는 위험이 있다. 이런 "잠재적 위험"만으로도 이익충돌에 해당된다고 본다. 그래서 특별대리인을 선임해야 한다.

8. 일부 말소 의미의 경정등기

-등기예규1564호 2.나(3) (나) 2 에서는 법정상속분대로 등기된 후 협의분할에 의하여 소유권경정등기를 신청하는 경우 또는 협의분할에 의한 상속등기 후 협의해제를 원인으로 법정상속분대로 소유권경정등기를 신청하는 경우에는 동일성이 없는 경우에도 일부말소의미의 소유권경정등기가 허용된다고 한다. 여기서 왜 동일성이 없는 경우라는 표현이 나오는가?

배경을 설명하면

먼저 '경정등기'의 일반 원칙을 다시 보면: 경정등기는 "등기기록에 등기관의 착오로 잘못 기재된 경우에, 등기명의인과 실체적 권리자가 동일할 때만 가능하다." 그러므로 보통은 동일성 있는 경우에만 경정등기 허용된다. 그런데 예규에서는 왜 '동일성이 없는 경우'에도 경정을 허용했는가? 해당 사례를 구조적으로 보면 처음 등기는 법정상속분대로 A, B, C에게 상속등기(예: A 2/6, B 2/6, C 2/6) 이후 상황은 상속인들이 협의분할하여 A가 전부 소유한 상황이다.

이때 소유권경정등기 신청이 가능하게 해준다. 즉 기존 법정상속등기를 말소하지 않고, A에게 협의분할에 따라 전부 소유권이 있는 것처럼 등기 일부를 말소하는 형식의 경정등기를 신청하게 해준다. 그런데 엄밀히 보면 이때 등기명의인(A, B, C)과 실체적 권리자(A 단독)는 동일하지 않다. 그것을 말한다.

최종이유적으로

그럼에도 불구하고 '경정등기'를 허용한 이유는? 먼저 형식상 일부 말소로 해결 가능하기 때문이다. 협의분할이 상속 개시 후에 있었고, 그 전제로 법정상속분에 의한 등기가 이미 되어 있는 상태라면, 실체관계와 등기 내용이 일치하지 않지만, 기존 등기의 일부를 말소하면 실체와 등기가 일치하게 된다. 즉, A 단독 명의로 바뀌는 것만으로 실체가 복원되므로, 일부 말소 형식의 경정등기로도 실체에 부합할 수 있다.

또한 등기의 형식적 정합성도 유지가 된다. 새로 소유권이전등기를 하게 되면, 동일한 상속 사안에 대해 이중의 등기가 생기고 등기 연속성이 깨질 수 있다. 즉 1/3지분의 A 가 전체지분을 가지는 에이에게 준다는 식은 이상하다고 보는 것이다. 그러니 실무상으로는 경정등기라는 형식을 통해 문제를 간단히 해결하는 것이 타당하다고 본 것이다.

또한 협의분할은 소급효가 없기 때문에도 타당하다. 즉 협의분할은 처분행위로서 원칙적으로 소급효가 없고, 법정상속은 상속개시와 동시에 효력 발생한다. 따라서 협의분할 이전의 법정상속 등기는 유효, 협의분할에 따라 변경하는 것도 하나의 처분이므로 실질 권리자 변경으로 동일성 결여가 인정되는 것이다.

-등기상 이해 관계있는 제3자의 승낙 또는 이에 대항할 수 있는 재판이 있음을 증명하는 정보를 제공한 경우, 일부말소의미의 경정등기에서는 등기상 이해 관계있는 제3자의 권리에 관한 등기를 경정하거나 말소하게 되는데, 이 경우 그 대상이 가압류 가처분 등 법원의 촉탁에 의한 처분제한의 등기인 때에는 등기관은 지체 없이 그 뜻을 집행법원에 통지하여야 한다. 이는

등기예규 1366호 에 의한 것인데 이때 통지 후에는 어떤 일이 생기나?

최종이유적으로

먼저 집행법원이 적절한 후속 조치를 검토한다. 등기관의 통지를 받은 집행법원은 다음을 검토한다. 통지된 경정내용이 정당한가? 를 보는 것이다. 즉 제3자의 권리 침해 여부, 효력 범위 등 판단한다. 다음으로 가압류·가처분의 유지 필요성을 본다. 효력이 상실됐는지, 말소 또는 변경할지 판단을 한다. 신청인 측의 허위 여부를 판단하는 것이다. 즉 동의서나 재판정보가 허위면 책임 추궁이 가능하다.

법원이 직접 '말소' 또는 '취소' 여부 판단 가능하다. 즉 가압류·가처분 등은 법원의 촉탁으로 된 등기이므로, 등기관이 임의로 말소하거나 수정할 수 없다. 따라서 통지를 받은 법원은 해당 처분제한등기가 더 이상 유지될 필요가 없다고 판단되면, 법원 자체적으로 말소촉탁을 다시 하게 된다.

만약 권리 침해 소지가 있으면 제재 조치 가능하다. 법원이 보기엔 제3자의 권리를 침해하거나 사기적 경정등기로 의심되는 경우, 관련자(예: 경정등기 신청인)에 대해 허위 서류 제출 등 형사적 조치 또는 말소된 등기의 회복 조치(재등기) 명령을 한다. 경우에 따라, 법원은 경정등기의 효력을 정지시키기 위한 집행정지 신청 가처분 등 새로운 보전처분 조치를 취할 수도 있다.

-등기예규1366호에 따라서의 경정등기(일부말소의미의 경정등기)를 한경우

에 용익물권의 등기는 부동산의 공유지분에 대하여는 용익물권(지상권 등)을 설정 존속 시킬 수 없으므로 위의 나에 의해서 처분 제한 등의 등기를 경정(일부말소취지의) 하는 경우에도 용익물권의 등기는 이를 전부말소한다고 하는데 그 상황이 잘 잡히지 않으니 해설을 해보자.

최종이유적으로

상황을 먼저 제시하면 일부말소의 의미의 소유권경정등기를 하는 경우에 예시로 A, B 공동명의를 경정으로 A 단독 명의로 변경하는 경우이다. 이 과정에서 B의 지분을 말소하는 형식인데 이때 등기부상 해당 부동산에 지상권, 지역권, 전세권 등 용익물권이 설정되어 있다. 이때 문제는 용익물권의 등기는 어떻게 처리해야 하는가? 전부 말소해야 한다는 것이 예규의 입장이다.

그 논거는 공유지분 위의 용익물권 설정은 불가이다. 그런데 이 때 말을 잘 이해하고 새겨들어야 하는 것이 일부지분위에의 용익물건의 설정불가이다. 즉 전체의 지분을 다 있는 가운데에서의 것은 유효하지만 변동이 생겨서 일부지분만에 그 위에 대한 용익물권은 되지 않는다는 것이다.

즉 기존 용익물권은 공유자들이 설정한 상태에서만 유효하다. 일부말소로 소유자 변경되고 공유관계가 소멸하면 공유자 중 일부가 아닌 단독소유자 1인으로 변경한다. 그 효과로서 공유관계를 전제로 성립한 용익물권의 존속 기초가 사라진다. 결론적으로 지분위 설정된 것으로 간주되는 용익물권은 유효할 수 없으므로 전부 말소가 필요하다.

-경정등기의 경우는 일부말소 의미의 경정등기와 달리 이해 관계있는 제3자의 승낙서가 있으면 부기등기로 처리하고 승낙서가 없으면 주등기로 한다. 그러한 예시를 들어보면?

최종이유적으로

제3자의 승낙이 없으므로, 등기관은 기존 등기의 효력을 끊고 새로운 등기를 해야 한다. 즉 잘못된 B의 등기를 말소하고, 원래의 진정한 A 명의로 새롭게 소유권 주등기를 해야한다. 등기변경이 제3자에게 영향을 줄 수 있기 때문에 말이다.

그런데 등기의 연속성이 인정되지 않으며, 등기권리변동으로 본 것 이다. 이렇게 앞등기를 끊고 가면 앞등기와 관련한 제3자의 불이익이 있지 않는가? 제3자의 권리는 보호되며, 경정등기로 소멸되지 않는다.

즉 A 로 새로 경정등기(B등기 소멸) 해도 C 의 등기는 여전히 존재한다. 그리고 A로의 경정등기의 효력이 미치지 않는다 해하지 않는다. 그래서 등기관도 제3자 권리 존재 시 그 뜻을 해당 법원에 통지하고, 제3자의 승낙 없이 효력이 미치지 않도록 제한적으로 경정하는 구조이다.

9. 파산이나 회생의 등기

-등기예규 제1516호 제16조, 24조에 따라서 채무자 회생 및 파산에 관한 법률에 따라서 등기된 부인등기에 대한 말소는 관리인또는 파산관재인의 신청에 의해서 하는게 아니라. 회생법원 또는 파산법원의 촉탁에 의해서 한다, 그 이유나 논리는?

최종이유적으로

왜 말소등기를 법원이 촉탁해야 하고, 관리인이나 관재인이 직접 신청해서는 안 되는가? 핵심 이유는 부인등기는 법원의 "판단"에 따라 강제된 효력이기 때문이다. 부인제도란? (「채무자 회생 및 파산에 관한 법률」 제103조 등) 회생채권자 또는 파산채권자의 공동이익을 해치는 부당한 처분을 취소하는 제도다. 대표적 예로 특정 채권자에게만 재산을 몰래 변제한 경우, 회생절차 개시 직전에 재산을 빼돌린 경우 등이다.

이럴 때 회생법원/파산법원이 '그 처분은 무효'라고 판단하여 "부인등기"를 하게 되는 것이다. 즉 부인등기는 실체적으로는 '무효 선언'에 해당하며, 사법적 판단의 결과다. 그러므로 말소는 '사법적 판단의 결과'를 되돌리는 것으로 다시 법원이 해야 한다. 부인등기의 말소는, 단순한 절차 정정이 아니라, 원래 무효라고 선언된 법률행위의 효력을 다시 인정하는 행위다. 이는 사법 판단의 변경 또는 사법효과의 종료를 의미하기 때문에, 그 효력을 소멸시키려면 반드시 법원이라는 사법기관의 판단 또는 명령이 필요하다.

좀 더 덧붙여서 관리인·파산관재인은 "등기권리자"가 아니다. 관리인·관재인은 회생재단 또는 파산재단을 관리할 권한은 있지만, 등기상 부인등기를 말소할 수 있는 고유한 "말소권리자"는 아니다. 그들은 법원의 결정 없이 임의로 부인등기를 말소할 수 없다. 만약 허용하면 채권자 공동이익에 해를 끼칠 위험 있기에 그런 실제상의 이유로도 안 되는 것이다.

-채무자 회생 및 파산에 관한 법률에서 그에 따른 보전처분등기에서 채무자 또는 채무자의 이사 감사 검사인 또는 청산인의 부동산의 권리에 대한 보전처분의 등기는 법원사무관등이 촉탁한다. 왜 굳이 법원사무관인가? 원래 그런 것인가?

배경을 설명하면

보전처분등기는 법원의 재판명령 또는 결정에 따라 이루어지는 '공권력적 조치' 회생절차나 파산절차에서는 채무자가 재산을 임의로 처분하지 못하도록 제한하기 위해 법원이 재산처분금지 또는 관리처분권 이전 등을 명하는 경우가 있다. 이때 등기되는 것이 바로 보전처분등기다. 예시로는 "채무자의 A 부동산에 대해 처분을 금지한다" "청산인의 동의 없이는 재산 처분 불가" "관리인에게 관리처분권을 넘긴다"

이러한 재판상 처분제한 등기는 반드시 '법원 촉탁'에 의해 이루어져야 한다. 즉 보전처분등기는 단순히 개인이 "내 재산에 처분금지등기 해주세요"라고 신청해서 되는 게 아니라, 법원의 판단(결정, 명령)에 따른 공적 조치이기 때문에 반드시 '법원촉탁'으로 해야 한다.

최종이유적으로

법원 '판사'가 아니라 왜 '법원사무관등'이 촉탁하나? 법률적으로 판결이나 결정은 법관이 하지만, 그 판결이나 결정을 외부기관에 집행·촉탁하는 업무는 '법원사무관등'의 권한이다. 관련 규정은 법원조직법 제53조이다. "법원사무관 등은 판결·명령 또는 결정의 송달, 집행명령의 촉탁 등 사무를 처리한다." 등기관 입장에서도, 사무관 등의 촉탁이 있어야 그것이 '법원의 확정된 재판에 따른 것'임을 신뢰할 수 있다. 이는 공신력 유지를 위한 제도적 장치입니다. 또한 실무상 이유로는 결국또 등기관의 사법판단 회피이다, 보전처분등기의 내용은 매우 강력한 제한을 수반하기 때문에, 등기관이 임의로 등기 여부를 판단할 수 없다. 반드시 법원의 확정적 지시(촉탁)가 있어야만 등기 가능하다. 따라서 사법부 내부에서 문서 송달권한을 가진 사무관 등이 촉탁해야, 등기관이 그 등기를 처리할 수 있게 되는 것이다.

-채무자 회생 및 파산에 관한 법률에서 그에 따른 보전처분등기는 그 등기 이전에 가압류, 가처분, 강제집행 또는 담보권실행을 위한 경매, 체납처분에 의한 압류등기 등 처분제한등기 및 가등기가 되어 있는 경우에도 할 수 있다. 그 논리는 무엇인가?

배경을 설명하면

이 사안은 「채무자 회생 및 파산에 관한 법률」에 따른 보전처분등기와, 그보다 선행하여 존재하는 다른 처분제한등기(가압류, 가처분, 압류 등) 사이의 관계를 어떻게 이해하느냐와 관련된다. 결론적으로 보면 회생·파산절차에 따른 보전처분등기는 채무자 재산 전체를 포괄적으로 관리하고 채권자 공동의 이익을 실현하기 위한 공적 절차이므로, 선행 등기(가압류 등)가 있더라도 후행적으로 등기할 수 있다. 이는 보전처분이 개별 채권자의 권리행사와는 다른 차원의 공익적 기능을 가지기 때문이다.

최종이유적으로

보전처분은 '개별 채권자'가 아닌 '모든 채권자 공동의 이익'을 위한 공적 조치로서 가압류, 압류 등은 모두 개별 채권자의 사익 보호를 위한 등기이다. 반면, 회생절차에 따른 보전처분은 "채무자의 재산을 전체적으로 보전하고, 모든 채권자의 평등한 만족을 도모하기 위한 공적 통제수단"이다. 즉, 그 목적과 효력이 근본적으로 다르다. 그래서 이것은 우선순위 침해가 아닌, 절차적 보전을 위한 등기이므로 선행등기와 양립 가능하다. 회생법원은 보전처분을 통해 채무자 재산의 무분별한 처분을 일시적으로 차단한다. 이는 선행 등기(가압류·압류 등)의 효력을 무력화시키려는 것이 아니라, 그 재산 전체에 대해 회생절차 내에서 통제권을 확보하기 위한 조치이다.

따라서 기존에 이미 처분제한 등기가 존재하더라도, 보전처분등기는 후순위 등기로서 얼마든지 추가로 설정될 수 있다. 보전처분은 실체법적 권리가 아니라, 절차상 통제를 위한 조치이다. 즉 보전처분은 실체적 권리를 설정하는 등기(예: 소유권, 저당권)가 아니라, 절차상 처분 제한을 공시하는 '행정적 효력' 중심의 등기이다. 따라서 등기기록상 선후는 존재하되, 실체법상 우선순위나 권리충돌 개념은 적용되지 않는다.

-등기예규1516호 14조 6항에 따르면, 관리인이 회생계획에 따라 채무자명의의 부동산 등을 처분하고 그에 따른 등기를 신청하는 경우에는 회생계획인가결정의 등본 또는 초본을 회생계획에 의하지 않고 처분한 경우에는 법원의 허가서 또는 허가를 요하지 않는다는 증명서를 그 신청서에 첨부하여야 한다. 이 경우 관리인은 당해 부동산등의 권리에 관한 보전처분의 등기 이후에 그 보전처분에 저촉되는 등기가 경료된 경우에는 그 등기의 말소등기도 동시에 신청해야 한다. 왜 이때 이런 말소등기를 직권이 아니고 법원촉탁도 아니고 관리인이 신청하게 하는 것인가?

배경설명

등기관은 등기의 실체적 효력을 직권 판단할 수 없다. (소극적 심사주의) 등기행정은 형식적 심사주의 또는 소극적 심사주의 원칙을 따른다. 따라서 등기의 말소도 반드시 등기신청 또는 촉탁이 있어야만 가능하다. 아무리 명백히 보전처분을 위반한 등기라고 해도, 등기관은 그것이 무효라고 단정지을 권한이 없다. 따라서 직권말소는 불가하다.

말소를 직권으로 하는 때가 있지 않은가 물을 수도 있는데 그런데도 여기서는 신청을 요하는 이유는 이런 게 주로 관재인의 책임이기에 그렇다.

그럼 직권말소 말고 또한 신청 말고 그냥 법원의 촉탁에 의해서 이게 될 수는 없는건가? 라고도 생각해 볼 수 있다. "법원의 촉탁"에 의해서도 보전처분 위반 등기를 말소할 수는 있다. 다만, 회생계획의 집행을 위한 부동산 처분 과정에서는 원칙적으로 '관리인의 신청'이 우선 요구되며, 법원의 촉탁은 제한적인 상황에서만 사용된다. 그럼 왜 '촉탁' 대신 '신청'을 원칙으로 하는가? 촉탁은 '법원의 재판결과를 집행하는 등기'에만 허용된다. 즉 판결·결정법원의 재판 결과를 실행(확정판결로 소유권이전, 가압류말소 등) 강제명령(법원이 강제로 행정적 조치를 명함, 보전처분, 회생인가 결정 등) 또는 특별한 법령 근거(법에서 촉탁에 의한 등기 처리 명시,회생법 제56조 등) 즉, 재판의 결과 자체로 바로 말소되어야 할 사안이어야 촉탁등기가 가능하다. 보전처분 위반 등기의 말소는 재판 결과가 아니라 '사실관계에 기초한 정리 절차'이다. 보전처분 위반 등기는 법원의 확정판결로 "무효"라는 선언이 있지 않은 한 단순히 위반 사실만으로 법원이 촉탁할 수는 없다. 법원도 그 등기가 보전처분을 "명백히 위반"했는지 판단하려면 사정조사, 회생계획의 승인 여부, 이해관계인 입장 등을 살펴야 하기 때문이다. 보통 회생계획에 따라 관리인이 재산을 처분하는 사안에서는 "기존 등기를 정리하고 처분하는 책임"은 관리인에게 있다. 그래서 등기예규 제1516호 제14조에서도 신청에 의한 말소를 명시하는 것이다.

10. 농지자격취득증명

-지목이 농지인 토지의 실제 현황이 「농지법」 제2조 제1호 의 규정에 의한 농지가 아닌 경우에는 그와 같은 사실을 증명하는 관할 시·구·읍·면의 장이 발행한 서면을 첨부하여 농지취득자격증명을 첨부하지 않고 소유권이전등기를 신청할 수 있는바, 농지가 아님을 증명하는 서면으로서 농지취득자격증명신청서반려통지서를 첨부하는 경우에는 그 반려사유가 "신청대상 토지가 「농지법」에 의한 농지에 해당되지 아니함"이라고 구체적으로 기재되어야 한다. 따라서 그 반려사유로서 "오랫동안 농사를 짓지 않아 잡목이 있고 주변 일대에 석회광이 조업중이며 사실상 경작이 불가능함"이라고만 기재되었다면 농지가 아닌 토지인지 여부가 불명확하므로 이를 증명하는 서면으로 볼 수 없을 것이다. 이렇게 보는 구체적 근거나 이유는?

최종이유적으로

농지취득자격증명을 생략하려면, 관할 시·구·읍·면장이 발행한 "해당 토지가 농지가 아님을 증명하는 서면"이 필요하다. 이때, 반려통지서로 대체하는 경우, 그 반려 사유가 명확하게 "본 토지는 『농지법』에 의한 농지에 해당되지 아니함"이라고 기재되어야 인정된다. 즉 완벽하게 아님을 증명하는 서면이 있던지 그게 아니고 반려 통지서 수준으로 때우려면 명확하게 농지에 해당되지 않는다고 표현이 나와야 한다. 그런데 이것은 그저 경작이 불가능한 정도로 나와 있다.

11. 부동산거래계약신고필증과 매매목록정보 등의 거래가액등기 등

-등기원인이 매매라고 해도 그 원인증서가 판결서일 때는 거래가액을 등기하지 않는다. 즉 등기예규 1633호에 따르면 거래가액등기의 대상에서 등기원인이 매매라고 하여도 등기원인증서가 판결. 조정조서라면 거래가액등기를 하지 않는다. 그 논리적 이유는?

배경을 설명하면

거래가액등기란? 부동산 실거래가를 등기부에 기재하여 시장 투명성과 세무행정의 기초자료로 삼기 위함이다. 즉, 실제 거래를 통해 형성된 금전적 가치(가격)를 공개하기 위한 제도이다. 따라서 거래가액등기는 실제 금전 거래가 수반된 자주적 계약에서만 의미를 가진다.

최종이유적으로

그런데 '판결', '조정조서'는 자주적 매매가 아니다. 등기원인이 '매매'라고 기재되어 있더라도 실제 계약서가 없고, 판결이나 조정조서에 따라 등기가 이뤄지는 경우는 다음과 같은 사유다. 즉 매매계약 자체는 과거에 있었으나, 당사자 간 다툼이나 불이행으로 법원이 개입한 경우, 판결 등 법원이 당사자 주장·입증을 통해 일방 소유권을 인정한 경우 (사법상 강제 인정), 조정조서 당사자가 법원에서 화해하거나 조정한 결과 (실제 계약보다 조정의사가 우선) 로서 이 경우에는 시장에서의 자유로운 가격형성이 있었다고 보기 어렵다.

-분양계약의 경우에 소유권이전등기를 할 때 거래가액과 관련해서는 최초의 피분양자로부터 그 지위 전체가 갑에게 증여로 이전된 경우에는 거래가액을 등기하지 않는다. 그 실질적 이유는?

최종이유적으로

등기실무에서 "분양계약상의 지위 전체가 증여로 이전된 경우에는 거래가액을 등기하지 않는다"고 하는 이유는, 거래가액등기의 취지와 증여의 본질을 함께 고려한 실질 판단 때문이다.

분양계약상의 지위가 '증여'로 승계된 경우에는, 실제 금전거래(유상거래)가 수반되지 않았기 때문에 거래가액등기의 대상이 아니다. 이는 실거래가 등기의 기본 취지인 실제 유상거래 가격의 공개와 세무자료 제공이라는 목적에 맞지 않기 때문이다.

분양계약 지위가 갑에게 증여로 이전된 경우, 이는 실제 금전거래가 없는 무상행위이므로 거래가액등기의 대상이 되지 않는다. 그래서 기록도 거래가액없음 이라고 등기가 된다. 이것은 최초로 분양받은 사람의 실거래가가 있기에 이렇게 하는 것인가? 그렇다. 최초 분양 시에는 피분양자와 시행자 간 유상거래가 있었고, 이때의 실거래가는 분양계약서, 실거래신고를 통해 이미 공적 자료로 확보된다. 이후의 지위 이전이 무상(증여)일 경우에는 추가적인 실거래가가 존재하지 않기 때문에, 거래가액등기를 다시 할 실익도, 필요도 없다.

-등기예규 1633호 2 나 (1) 2 에 따르면 신고필증에 기재되어 있는 부동산이 1개라고 하더라도 수인과 수인사이의 매매인 경우에는 매매목록을 제공해야 한다. 그 이유는?

최종이유적으로

단순히 등기절차의 형식을 지키기 위한 것이 아니라, 거래의 구조(수인-수인 거래)상, 각자의 지분관계나 대가관계가 복잡하여 그 내용을 명확히 하지 않으면 실거래가 정보로서 기능하지 않기 때문이다. 부동산이 1개뿐이라도, 매도인 또는 매수인 중 어느 한쪽이라도 2명 이상인 경우(= 수인과 수인 사이의 거래)는, 실제 거래 내용이 복잡하고 세부적인 지분별 거래가액이 존재할 수 있으므로, 이를 명확히 구분·기재한 '매매목록'을 제공해야만 정확한 실거래가 확인과 등기기록의 정합성이 확보된다.

실무적으로 생각해보면 뭐 그리 하나의 부동산에 파는 사람도 다수이고 사는 사람도 다수일까 싶지만 생활관계에서 보면 상속받은 형제들이 부동산을 파는데 사는 사람도 다른 부동산을 상속받아서 돈으로 환급한 형제들이라고 보면 쉽게 사실관계가 이해가 간다.

-등기예규 1633허 2 나 (1) 1에 따르면 1개의 계약서에 의해 2개 이상의 부동산을 거래한 경우라 하더라도 관할관청이 달라 개개의 부동산에 관하여 각각 거래 신고를 한 경우에는 매매목록을 작성할 필요가 없다. 그 이유는?

최종이유적으로

이미 관할별로 구분된 실거래신고가 각각 존재하고, 그 신고필증마다 부동산 1개와 해당 거래금액이 명확히 기재되어 있으므로, 등기관이 매매목록 없이도 실거래 내용을 파악할 수 있기 때문이다.

매매목록의 본래 목적은? 1개의 계약서에 여러 개의 부동산이 포함된 경우, 각각의 부동산에 얼마의 금액이 배분되었는지 불명확할 수 있다. 그래서 등기신청시 등기관이 부동산별 거래금액을 정확히 파악하기 위해 매매목록을 요구하는 것이 일반 원칙이다. 그러나 관할이 달라 부득이하게 신고가 분리된 경우 현실적으로, 예를 들어 서울시 강남구 소재 건물과 성남시 분당구 소재 토지를 하나의 계약서로 매매했다면, 실거래신고는 각 관할 지자체에 따로 해야 한다. 이런 경우, 각각의 신고필증에는 해당 부동산 1개와 거래금액이 기재된다. 즉, 부동산별 거래가액이 이미 분리·확정된 상태다. 이 경우 매매목록은 중복된 서류가 된다.

-등기예규 1633호 관련해서 가액과 관련해서 등기된 매매목록에 기록된 부동산 중 일부에 대해서 계약의 해제 등으로 소유권이전등기가 말소된 경우에는 등기된 매매목록에 기록할 필요는 없다. 또한 관할이 다른 경우에 그와 같은 사실의 통지도 필요 없다. 그 실질적 이유는?

최종이유적으로

매매목록은 등기 당시 '거래 사실'을 기재한 공적 기록이다. 즉 매매목록은 등기 당시 유효한 실거래신고에 기초하여 거래된 부동산 목록이어서 각 부동산별 거래가액 등을 기록하는 것으로서 즉, 과거의 사실(거래 발생 당시의 상태)을 기재하는 것이다. 그러니 그게 이후 해제되었다고 하여도, 그 당시 실제 거래가 이루어진 사실 자체는 변하지 않음. 즉 사후 해제는 '과거의 거래 정보' 자체를 부정하는 것이 아니다. 계약의 일부 해제 또는 이전등기의 말소는 거래 자체가 없었던 것으로 소급되는 것은 맞지만, 실거래가 등기의 공적 기능(투명한 시장 정보 제공)은 기준 시점의 거래 정보를 기준으로 한다. 따라서 이미 등기된 매매목록을 정정하거나 삭제할 의무는 없다.

또한 관할이 다른 경우 통지 불요의 이유를 따져보면, 실거래신고는 부동산 소재지 관할별로 개별 신고된다. 각 등기소는 자기 관할 부동산에 대해서만 등기와 매매가액 정보를 기록하고 관리한다. 따라서 다른 관할 등기소에 계약 해제나 말소를 통지할 법적 근거나 행정적 실익이 없다. 특히, 등기관이 타 관할의 매매목록을 통제할 수 없기 때문에, 행정적 혼선만 초래할 수 있다.

12. 토지수용으로 인한 소유권이전등기

-공익사업법에 의하여 미등기 토지의 대장상 소유명의인과 협의가 성립된 경우에는 그 대장상 소유명의인 앞으로 보존등기를 한 후 사업시행자 명의로 이전등기를 한다. 그 논리는?

최종이유적으로

이는 등기의 연속성과 적법한 권리이전 절차를 확보하기 위한 실체법적·등기법적 원리에 따른 것이다. 토지는 반드시 등기된 자로부터 등기되어야 하는 '등기의 연속' 원칙에 따라, 미등기 토지를 취득하는 경우에도 우선 소유자로서의 '형식적 권리'를 갖추게 한 후 사업시행자에게 적법하게 이전되도록 하기 위해 대장상의 명의자에게 보존등기 후 그로부터 사업시행자 명의로 이전등기를 진행하는 방식이 사용된다.

특히 여기서는 협의가 되었기에 더욱이나 이름이 끊어지지 않고 나와야 함이 되어야 한다. 그래서 실무상 절차적 명확성과 법적 안정성 확보를 꾀한다.

-등기예규 1388호에 따르면 토지수용을 원인으로 한 소유권이전등기 신청은 사업시행자인 등기권리자가 단독으로 할 수 있다. 사업시행자가 관공서인 경우는 그 관공서가 소유권이전등기를 촉탁하여야 한다. 그 이유나 논리는?

최종이유적으로

사업시행자가 일반인(예: 한국토지주택공사, 민간기업 등)인 경우에는 수용의 효과로 소유권을 취득하므로, '등기권리자 단독신청' 가능. 그러나 사업시행자가 국가나 지자체 등 관공서인 경우에는 공무소 촉탁절차에 따라 '관공서가 촉탁'해야 한다.

그럼 왜 행정기관은 등기 "신청"을 못 하고 "촉탁"만 하는가? 공권력 주체는 사법상 권리의 주체와 다르기 때문이다. 사인(개인, 일반 법인)은 사법상 권리의 주체로서 자유롭게 권리를 행사하고, 그 권리행사의 일환으로 등기를 '신청'할 수 있다. 반면, 국가나 지자체 등 행정기관은 공법상 주체로서 사법상 권리행위를 자유롭게 할 수 없다. 모든 행위는 법률에 근거한 행정행위로 제한된다. 등기신청은 민원행위, 촉탁은 행정문서이다, '등기신청'은 민원이자 사적 청구행위의 일종이다. 그런데 국가가 민원행위로 자신의 권리를 주장하면 국가가 사인처럼 권리를 구걸하는 모습이 되며, 공적 권위의 논리와 충돌한다. 따라서 공공기관 간 문서교환 방식인 '촉탁'이 필요한 것이다.

-토지수용의 재결의 실효를 원인으로 하는 토지수용으로 인한 소유권이전등기 말소의 신청은 등기의무자와 등기권리자가 공동으로 신청하여야 한다. 그 이유는?

최종이유적으로

토지수용의 재결이 실효되었다 하더라도, 이에 따라 이미 이루어진 소유권이전등기는 일단 '적법하게 이루어진 등기'이기 때문에, 이를 말소하려면 등기권리자와 등기의무자의 공동신청이라는 등기법상의 일반 원칙(등기법 제33조)에 따라야 한다.

수용재결 실효는 등기 그 자체를 '무효'로 만들지는 않는다. 즉 수용재결이 실효되었다는 것은 법률상 수용의 효력이 '발생하지 않았다'는 사정이 생긴 것이다. 그러나 이 사유만으로는 기존에 등기된 소유권이전등기를 바로 '직권말소'하거나 단독신청으로 말소할 수 없다.

왜냐하면 등기관 입장에서는 이미 공적 절차(수용재결 + 촉탁)에 따라 이루어진 등기가 실효되었는지 여부를 자체 판단할 수 없기 때문이다. 즉 여기에서도 등기법의 아주 중요한 원칙은 등기관의 형식적 심사권 원칙이 적용된다. 그래서 공동신청의 원칙으로 돌아간다.

-상속인 또는 피상속인을 피수용자로 해서 재결하고 상속인에게 보상금을 지급(공탁)했으나 여전히 피상속인의 소유명의로 등기가 되어 있는 경우는 대위에 의한 상속등기를 한 후에 소유권이전등기를 해야 한다. 상속등기를 하지 않은 채 소유권이전등기를 신청한 경우에는 이를 수리하여서는 안 된다.

최종이유적으로

이름이 끊어져서는 안 되기에 말이다.

13. 신탁에 관한 등기

-공익신탁법에 따른 공익신탁에 대하여 신탁등기를 신청하는 경우에는 법무부장관의 인가를 증명하는 정보를 첨부정보로서 제공하여야 한다

여기서 중요한 것은 공익과 법무, 인가 이 3가지일 것이다. 그래서 이것을 품은 라임을 가지고 보강암기한다. 공익의대변인검사-인검은 인가와 음가가 유사하고 변이 법과 유사한음가를 가진다.

-등기예규 1694호 1 다 (5) 에서 신탁법 제 3조 1항 3호에 따라 신탁의 목적, 신탁재산 수익자등을 특정하고 자신을 수탁자로 정한 위탁자의 선언에 의한 신탁등기를 신청하는 경우에는 공익신탁법에 따른 공익신탁을 제외하고는 신탁설정에 관한 공정증서를 첨부정보로 제공해야 한다. 그 논리는? 그리고 공익신탁은 그러면 어쩌라는 것인가?

최종이유적으로

신탁법상 신탁은 다음 세 가지 방식으로 설정할 수 있다 1)신탁계약: 위탁자와 수탁자 간의 계약 2)유언: 사후 유언으로 설정 3)위탁자의 단독 선언: 위탁자가 자신을 수탁자로 지정하고 신탁의 내용을 선언하는 경우. 이중에서 3번 방식이 가장 내부 통제가 약하고 자의적 오용 가능성이 높다.

논리적 이유로서 왜 공정증서를 요구하는가?를 보면 위탁자 단독 선언의

진정성 확보를 위한 것이다. 위탁자가 혼자서 신탁을 설정하고 자신을 수탁자로 지정하는 경우, 외부 검증 없이 신탁등기를 신청할 수 있어 남용 우려가 크다. 따라서 공정증서라는 공적 절차를 통해, 신탁의 내용과 의도, 신탁재산, 수익자 지정의 명확성 등을 공적으로 확인할 필요가 있다. 공정증서는 공증인이 작성하는 문서로, 진정성과 법적 효력을 강하게 인정받는 자료다.

-공익신탁은 그러면 자신을 수탁자로 정한 위탁자의 선언에 의한 신탁등기를 신청하는 경우에는 공익신탁법에 따른 공익신탁에서는 어떻게 되나? 공정증서를 첨부정보로 제공해야 한다. 그 논리는?

최종이유적으로

공익신탁은 공정증서를 요구하지 않는다고 볼 수 있다. 공익신탁은 별도 법률(공익신탁법)의 규율을 받는다. 공익신탁법 제2조 등은 공익신탁에 대해, 수탁자의 자격 요건, 감독 기관의 관할, 수익자나 공익 목적의 승인, 재산 운용 및 보고 의무 등을 엄격하게 규제한다. 이러한 공적 통제를 받는 구조에서는 공정증서를 통한 별도 진정성 보강이 굳이 필요하지 않다고 본 것이다.

공익신탁은 위탁자의 선언만으로 성립하지 않으며, 반드시 행정기관의 사전 승인 또는 신고를 전제로 한 설정이어야 한다. 결론적으로 공익신탁은 사실상 "위탁자의 선언에 의한 신탁"이 불가능하다. 따라서 이론상으로는 신탁법상 위탁자의 선언 방식이 존재하지만, 공익신탁에서는 공익신탁법의 특수한

요건 때문에, 위탁자의 단독 선언으로 신탁이 성립하는 방식은 허용되지 않는다.

14. 신탁등기

-담보권신탁등기: 등기예규 1694호에 따를 때, 담보권신탁등기는 수탁자는 위탁자가 자기 또는 제3자 소유의 부동산에 채권자가 아닌 수탁자를 (근)저당권자로 하여 (근)저당권을 신탁재산으로 하고 채권자를 수익자로 지정한 담보권 신탁등기를 신청 할수 있다. 이렇게 되 는게 이것을 활용하는 이유는?

배경을 설명하면

등기예규 1694호에 따른 담보권 신탁등기는 비교적 고도화된 금융·법률 구조이지만, 그 핵심은 신탁법의 유연성을 활용한 담보권 관리 방식의 혁신이다.

상황 설정은 다음과 같다 채권자 A는 채무자 B의 부동산에 대해 담보권(예: 근저당권)을 확보하려고 한다. 하지만 A는 직접 근저당권자가 되지 않고, 수탁자 C가 근저당권자로 등기되고, A는 신탁의 수익자가 됨. 즉, 근저당권이 신탁재산이 되고, 채권자인 A는 수익자가 되는 구조. 그래서 등기 형태는 등기명의인(근저당권자): 수탁자 C 수익자: 채권자 A 신탁재산: 근저당권

최종이유적으로

이 구조를 활용하는 주요 이유는 담보권의 집합적 관리 및 유동화이다. 수탁자(C)는 여러 채권자(A1, A2, A3…)의 담보권을 일괄적으로 관리할 수

있다. 이는 자산유동화나 부동산금융(프로젝트 파이낸싱 등)에서 매우 유용하다. 예를 들어 신탁 수익권 자체를 유동화하거나 담보권 집합체를 기초자산으로 활용할 수 있음. 또한 담보권 관리의 중립성과 안전성 확보이다. 채권자가 담보권을 직접 보유하면, 이해관계 충돌이나 관리상의 분쟁이 생기기 쉽다. 중립적인 수탁자가 담보권을 관리하면, 공정성과 실행력이 확보된다. 특히 다수 채권자가 있는 경우, 수탁자가 담보권 실행(경매, 배당 등)을 일괄적으로 처리함으로써 절차가 단순화된다. 거기에 보안성·비공개성 강화는 실제 채권자가 등기부에 직접 나타나지 않기 때문에, 외부에 노출되지 않는다. 이는 기업 간 거래에서 신용 리스크 관리, 전략 노출 방지 등의 목적에 유리하다. 마지막으로 신탁 수익권의 분할 및 권리 이전 용이하다. 수익권은 금전적 권리로서 쉽게 분할·양도 가능하다. 따라서 채권자가 자신의 권리를 양도하거나 유동화할 때 등기 변경 없이 처리 가능하다.

-담보권신탁등기에서 신탁재산에 속하는 (근)저당권에 의해서 담보되는 피담보채권이 이전되는 경우에는 수탁자는 신탁원부기록의 변경등기를 신청하여야 하고, 이 경우 부동산등기법79조는 적용되지 아니한다. 즉 피담보채권의 양도로 수익권양도가 있는 것으로 보아 수익자변경등기를 하여야 한다. 여기에서 79조가 적용이 안 된다는 말의 의미는?

배경을 설명하면

먼저 부동산등기법 제79조를 간단히 요약하면 "저당권 등의 피담보채권이 이전된 경우, 등기의무자인 채무자의 협력 없이도 저당권이전등기를 신청할 수 있다." 즉, 저당권에 담보된 채권이 양도되면, 저당권 자체도 새로운 채권자로 이전되어야 하므로 원칙적으로 채권양도에 따른 저당권이전등기를 허용하는 규정이다.

최종이유적으로

채권 양도 → 저당권자도 바뀜 → 등기상 저당권 이전 필요 → 제79조가 이를 가능하게 한다. 그런데 담보권신탁등기에서는 이 규정이 적용되지 않는다? 왜 그런가? 왜 79조를 적용하지 않는가? (논리적 이유) 등기명의인이 수탁자 = 저당권자는 바뀌지 않는다. 담보권신탁에서는 수탁자 명의로 저당권이 설정되어 있고, 그 피담보채권의 이익(실질적 권리)은 수익자에게 귀속된다. 즉, 수탁자가 저당권자라는 등기 자체는 바뀔 필요가 없다. 따라서 저당권이전등기는 필요 없다.

실질적 변동은 수익자(채권자)의 지위에 발생한다. 피담보채권이 A에서 B로 양도되었다면, 수탁자는 여전히 동일하고, 수익자만 A에서 B로 바뀐 것이다. 그러므로 등기상 필요한 변경은, 수탁자가 아닌 수익자의 정보를 바꾸는 것이다. 즉, 79조처럼 저당권자(명의인)의 등기를 이전할 일이 없고, 대신 신탁원부 내 수익자 정보만 갱신하면 된다.

-수인의 조합원으로부터 각각 신탁을 설정 받은 주택재건축조합이 신탁재산을 재신탁하는 경우에는 조합원전원의 동의서가 있어야 한다. 수익자 집회의 결의로만은 안 된다. 그 이유는?

최종이유적으로

재신탁이기에 보호 측면에서 강력한 도구를 두려고 하는 것이다.

-신탁등기는 일괄하여 한건으로 해야 한다. 다만 수익자나 위탁자가 수탁자를 대위해서 할 때는 신청과 동시에는 아니다. 특히 신탁등기는 일괄하여 한건으로 해야 한다고 하는 이유는?

최종이유적으로

각기 다른 부분이 분리되어 처리된다면, 등기부 상에서 신탁 재산과 관련된 권리 관계를 명확히 추적하기 어려워질 수 있다. 그래서 일괄처리를 요구한다.

-등기예규 1694호 1 바 신탁업의 인가를 받은 신탁회사 외의 영리회사를 수탁자로 하는 신탁등기의 신청은 이를 수리하여서는 안 된다. 그 이유는?

최종이유적으로

신탁업법에 따라, 신탁을 관리하거나 운영할 수 있는 수탁자는 반드시 신탁업의 인가를 받은 신탁회사여야 한다. 신탁업법은 신탁 회사만이 법적으로 인가된 수탁자로서 신탁재산을 관리하고, 신탁 계약을 수행할 수 있도록 규정하고 있다. 즉, 신탁업의 인가를 받지 않은 영리회사는 법적으로 수탁자로서의 자격을 가지지 않기 때문에, 신탁재산을 관리하거나 운영하는 법적 책임을 지기 어렵다. 또한 마찬가지로 목적에 맞는 규제 강화를 위해서이다. 신탁업법은 신탁재산을 안전하고 책임감 있게 관리하기 위한 법적 장치다. 영리회사를 수탁자로 하는 경우에는 신탁 재산의 보호와 관리가 제대로 이루어지지 않을 가능성이 있기 때문에, 법적 보호를 받기 위해서는 반드시 신탁업 인가를 받은 회사만을 수탁자로 인정해야 한다는 원칙을 따른다. 즉 아무나 신탁을 하는 게 아니다.

-등기예규 1694호에 따르면, 여러 개의 부동산에 대하여 1건의 신청정보로 일괄하여 신탁등기를 신청하는 경우에는 각 부동산별로 신탁원부 작성을 위한 정보를 제공하여야 한다. 그 이유?

최종이유적으로

등기예규 1694호에서 여러 개의 부동산에 대해 1건의 신청정보로 일괄하여 신탁등기를 신청하는 경우에 각 부동산별로 신탁원부 작성 정보를 제공해야 한다는 규정은 부동산 개별 관리 및 권리 변동을 정확하게 기록하고, 신탁 등기 내용의 명확성을 유지하기 위한 조치다.

법적 효력 및 정확성측면에서, 신탁등기는 신탁 계약이 유효하게 이행되고 있음을 증명하는 중요한 법적 절차다. 만약 여러 개의 부동산을 일괄하여 하나의 원부에 기록한다면, 그 신탁계약에 관련된 권리 변경 사항이나 등기 내용이 다른 부동산에 잘못 적용될 위험이 있다. 따라서 각 부동산별로 신탁원부 정보를 제공하여, 각 부동산에 대해 독립적으로 신탁관계를 기록함으로써, 법적 정확성과 명확한 권리 추적을 할 수 있게 된다.

등기소의 관리와 처리 용이성측면에서 등기소는 각 부동산에 대한 신탁등기를 별도의 정보로 기록하여 관리하게 되며, 부동산이 하나의 신탁에 포함되더라도, 그 부동산에 대한 상세한 정보와 권리 관계를 별도로 기록해야 한다. 이는 등기소에서 신탁 등기의 관리와 추적을 원활하게 하기 위함이다. 각 부동산에 대해 신탁원부 작성을 위한 정보를 제공하는 것은 등기소의 효율적인 관리와 정확한 등기 절차를 보장하는 방식이다.

법적 요구 사항측면에서도, 신탁등기는 부동산에 대한 권리 변동을 명확히 기록하는 절차다. 따라서 여러 부동산에 대한 신탁을 일괄 신청할 때도 각 부동산의 독립적인 권리 상태를 정확하게 기록하기 위해 각 부동산에 대한 신탁 원부를 작성할 정보를 제공해야 한다는 법적 요구 사항이 존재한다. 즉 이것도 등기소에서는 신경써서 별도로 처리를 하는 영역이 된다.

-지방세 징수법 제 5조 4호에 입각하면 신탁법에 따른 신탁을 원인으로 등기를 할 때 납세증명서를 첨부정보로서 등기소에 제공해야 하는 경우는 소유권을 이전할 때 만이다. 그 정책이나 논리적 이유가 있는가?

최종이유적으로

기본적으로 지방세에서 다루는 것은 취득세이다. 취득세는 분명히 소유권을 전제로 한다. 즉 지방세(특히 취득세)는 재산권의 실질적 변동이 있을 때 과세하는 것이 원칙이다. 신탁 등기가 이루어지더라도, 소유권이 수탁자에게 이전되지 않는 경우에는 형식적인 등기 변경일 수 있고, 실질적으로는 소유자가 변하지 않은 것으로 보기 때문에 과세 요건에 해당하지 않는다.

그래서 지상권은 해당하지 않게 한다. 그게 행정 효율성과 납세자 부담의 조화로서 모든 신탁등기에 납세증명서를 요구한다면, 실제 과세 요건이 충족되지 않는 경우에도 납세자에게 불필요한 행정 부담을 주게 된다.

-부동산 등기규칙 139조 7항에 따라서는 권리의 이전 또는 보존이나 설정등기와 함께 동시에 신탁등기를 할 때는 하나의 순위번호를 사용하여야 한다. 그 의미와 취지는?

최종이유적으로

이는 등기절차상 기술적인 규정처럼 보이지만, 실제로는 신탁의 본질적인 구조와 법적 안정성 확보를 위한 중요한 규정이다. 등기부는 각 등기의 순서(순위번호)를 통해 권리의 선후관계를 결정한다. 예를 들어, 같은 날에 설정된 저당권과 소유권이전등기가 있으면, 먼저 등기된 순위가 우선한다. 이 조항은 소유권의 이전(또는 설정, 보존) 등기와 신탁등기가 같은 사실관계를 기초로 동시에 이루어질 때, 이들을 하나의 절차로 묶어 동일한 순위번호 아래 등기하라는 뜻이다. 즉, "소유권이전등기 + 신탁등기" → 하나의 권리이전 절차의 일부이므로, 등기부에서는 별개의 등기처럼 보이지 않도록, 동일한 순위번호를 부여하라는 것이다.

그것을 취지 및 논리적 이유로 봐도, 신탁등기는 독립된 권리 변동이 아니다. 즉 신탁등기는 그 자체로 별도의 실체적 권리를 창설하는 것이 아니라, 이미 이루어진 소유권이전·보존·설정등기에 부수되어 나타나는 관리관계(신탁관계)를 표시하는 등기이다. 따라서 실질적으로는 기초 권리변동의 "기록

보완"에 해당하므로, 같은 순위번호로 처리함이 타당하다는 것이다.

-등기예규 1694호1사 (2) 에 따르면, 신탁법 27조에 의해서 신탁재산에 속하게 되거나 신탁법 43조에 따라서 신탁재산으로 회복 또는 반환되는 부동산에 대하여 수탁자가 소유권이전등기와 함께 신탁등기를 1건의 신청정보로 일괄하여 신청하는 경우에는 소유권이전등기의 등기명의인은 '소유자 또는 공유자'로 표시하여 등기기록에 기록한다. 왜 소유자 또는 공유자라는 표현이 나오는가?

최종이유적으로

'소유자 또는 공유자'에서 "소유자"는 해당 부동산이 단독 소유일 경우, "공유자"는 해당 부동산이 공유 형태(예: 수인의 공동 명의)일 경우를 말한다. 따라서 '소유자 또는 공유자'는 부동산의 권리형태에 따라 달라질 수 있음을 반영한 표현입니다. 등기기록에는 단순히 "소유자"라고만 하면 공유자의 경우를 반영하지 못하므로, "소유자 또는 공유자"로 포괄적으로 기재하도록 한 것이다.

15. 저당권 근저당권등기

-근저당권설정등기를 함에 있어서 채무자가 수인인 경우 그 수인의 채무자가 연대채무자라고 해도 등기기록에는 단순히 "채무자"라고 기록한다. 그 논리나 실무적 이유는?

최종이유적으로

등기의 목적은 권리의 공시와 대외적 효력(공신력은 아니나 대항력)을 확보하는 데 있다. 즉, 등기부는 이해관계인이 권리관계를 명확히 파악할 수 있도록 최소한의 정보를 공시한다. 따라서 등기기록에는 권리의 주체와 객체만을 중심으로 기재하며, 내부적 권리·의무의 구체적 내용까지 모두 기재하지는 않는다. 즉, 채무자 간의 **내부 관계(연대인지, 보증인지, 분할채무인지 등)는 등기의 공시 대상이 아니라는 실무 원칙이 있다. 즉 아주 최소한으로만 기재한다는 것이다.

에를 들어서 근저당권은 그 설정등기가 다음과 같은 요소로 구성된다. 채권최고액 / 채권자 / 채무자 / 채무의 종류 및 원인 / 피담보채무의 범위

여기서 '채무자'란 피담보채무의 주체를 말하는 것이며, 다수인 경우 모두 등기상 '채무자'로만 표기된다. 채무자 간의 관계(예: 연대채무)는 근저당권 자체의 외형적인 요건이 아니므로, 등기사항으로 기재되지 않는다. 채무자 모두가 연대채무자라 하더라도, 등기 목적상 동일한 '채무자'로 취급된다. 즉 등기부는 '약식 공시' 방식이다. 이를 다른 말로 요약기재주의라고도 한다.

실무적인 관점에서도 통일성과 혼동 방지가 필요하다 만약 이 경우에 등기부에 '연대채무자'라고 따로 표시한다면, 모든 복잡한 내부 채무관계를 구별해서 기재해야 하므로 등기 실무에 큰 부담이 된다. 더 나아가, 등기부만 보고 권리관계를 오해하거나, 일부 채무자만 책임을 지는 것처럼 해석될 여지가 있어, 아예 '채무자'로 통일해 단순화한다.

-소유권이전등기와 저당권설정등기는 별개의 신청정보로 해야 한다. 그 이유나 취지는?

최종이유적으로

등기의 목적(권리변동의 내용)이 서로 다른 경우에는 별도의 신청으로 구분하여 접수해야 한다. 등기의 목적이 다르다. 즉 소유권이전등기는 소유권의 이전, 매매, 증여, 상속 등 물권 변동, 저당권설정등기는 담보권의 설정, 채권 담보를 위한 제한물권 설정 등으로 다른데 결정적으로 등기기록의 구조상 별개의 접수 필요해서 그렇다. 등기기록에는 각 등기사항에 따라 별도의 순서, 접수번호, 등기원인 및 연월일이 기재된다. 소유권변동과 저당권 설정은 각기 다른 항목(갑구/을구)에 기재되므로, 등기소 전산처리 시스템상도 별도 입력이 요구된다.

16. 기타 등기

-등기예규1363호의 2에서 수인의 공유자가 수인에게 지분의 일부 또는 전부를 이전하는 경우에는 등기의무자별 또는 등기권리자별로 따로 신청서를 등기소에 제공해야 한다. 한 장의 신청서에 함께 기재한 경우등기관은 이를 수리해서는 안 된다. 왜 안될까? 일괄적으로 좋을 거 같기도 한데 말이다. 그 이유는?

최종이유적으로

왜 한 장의 신청서에 같이 쓰면 안 될까? 겉보기엔 비효율적으로 보이지만, 법적, 실무적 이유로 반드시 구분해야 한다. 등기원인별·당사자별로 법률관계가 다르기 때문에 하나로 하면 등기관이 무척 헷갈릴 수 있다. 또한 각 등기의무자·등기권리자별로 등기사항이 다를 때 등기관은 신청서에 따라 등기부 기재사항을 입력하게 되는데, 각 신청에는 그것들이 명확히 구분되어 있어야 한다. 그래서 한 장에 못쓰게 한다.

-등기예규1690호 1 가 (1) 에 따르면, 부동산의 처분금지가처분채권자가 본안사건에서 승소하여(재판상 화해 및 인락을 포함한다) 그 확정판결 정본을 첨부하여 소유권이전등기를 신청하는 경우, 그 가처분 등기 이후에 제3자명의의 소유권이전등기가 경료되어 있을 때는 반드시 위 소유권이전등기 신청과 함께 단독으로 그 가처분등기이후에 경료된 제3자명의의 소유권이전등기의 말소신청도 동시에 하여, 그 가처분등기 이후의 소유권이전등기를 말소하고 가처분채권자의 소유권이전등기를 하여야 한다. 반드시 그래야 하

는 이유는?

최종이유적으로

결론부터 이야기 먼저 하면 이것도 결국 등기관의 업무부담도 덜고 업무범위를 명확히 해주기 위한 것이라고 봐야 한다. 왜 C의 등기를 말소하는 신청을 B가 '같이' 해야 하는가? 가처분은 처분제한 효력을 가지므로, 그 이후 등기는 무효 또는 제한적 효력이다. 처분금지가처분은 민사집행법에 따라 법원이 명한 처분제한으로서 그 이후에 이루어진 소유권이전등기는 대세효(모든 사람에게 효력)를 가지는 금지명령에 위반된 등기이다 따라서 가처분 이후의 등기는 실질적으로는 효력이 제한되며, 그 후에 가처분채권자가 본안소송에서 승소했다면 그 등기는 말소되어야 할 대상이다.

등기기록의 '선후관계 및 연속성' 유지 필요가 있다. 부동산 등기부에는 권리의 선후관계가 등기기록을 통해 드러나야 한다. 그런데 가처분 이후에 제3자 명의의 등기가 남아 있으면, 그 다음에 가처분채권자 명의로 소유권이전등기를 하는 건 등기기록상 연속성이 끊어지는 것이다.

또한 등기관은 실체관계 일치 원칙에 따라 등기 심사를 한다. 등기관은 신청 받은 등기가 기존 등기와 실체관계상 일치해야 등기 가능하다. 그런데 제3자 명의의 등기가 남아 있는 상태에서 가처분채권자에게 등기해달라는 건 실체관계가 등기부에 모순되어 등기가 불가하다. 따라서 말소와 소유권이전등기를 반드시 '동시'에 신청해야 등기 가능하다. 그래서 이 등기예규는 등기관의 권한 밖인 판단을 피하기 위함이다. 제3자의 등기를 말소하지 않고 놔둔 상태에서 가처분채권자 명의로 등기해달라는 요청이 오면, 등기관은 그 제3자 등기의 효력 유무를 자체 판단해야 하는 상황에 놓인다. 이는 등기관 권한 밖 사법적 판단이므로 실무상 허용되지 않는다. 그것이 최종적 이유가 된다.

Part 2. 학습의 팁

1. 풀어내는 식으로 공부하기

-의미

이는 난해한 지문 내용을 더 내용을 술술 풀어주는 의미를 가진다. 특히 기본적으로 객관식으로 주어지는 문제풀이 명제가 맞고 틀림에 대한 판단에서 작용이 된다. 이는 유명한 서울대 법대 C 교수방법에 해당한다. 누구인가에게 설명하듯이 이야기 하는 게 제일 좋은 방법이라는 식의 설득이다.

-순순한 흐름

말이 흐름이 스스로 보기에 그리고 남들이 보기에도 참 순순히 설명해준다는 느낌이 들게 해야 한다. 그냥 마구가 아니라 말이다.

-평면적으로 보던 책과 그 설명을 다 뜯어내는 느낌

1) 기본 의미

지금의 과정은 다 하나하나 새로 뜯는 것이다. 새로 뜯어내는 것이다. 필자의 내용설명을 보면 아마도 여러분들이 아 이것은 기존의 교과서에서는 잘 나오지 않은 표현인데 쉽다. 그게 바로 그런 식으로 그 설명을 다 뜯어내는 느낌으로 접근하는 것이다. 혹시 아주 부분 부분은 사람의 감정에 따라서는 다소는 좀 두서 없기는 해도 필자의 설명으로 좀 쉽게 이해를 하고 가는 것은 된다고 느끼게 될 것이다. 그게 바로 자연스러운 것이고 쉬운거다.

2) 더 풀어내는게 더 짧아지는 것이다

역설적이지만 고수들은 안다. 더 풀어내는 것이 더 풀어헤치는 것이 더 오히려 짧아지는 것이 된다.

-설명 논리를 잘 만들기

1) 기본 의미

풀어냄은 결국 설명의 논리이다. 술술 풀어줘야 한다.

2) 그야말로 말 같아서 좋게 된다

지금 구축되는 게 말 같아서 좋다고 느끼면 그것은 제대로 공부되는 것이다. 그리고 굉장히 안정되니 지금 며칠째 해도 크게 동요가 없다면 말이다. 큰 불만이 없이 계속 진행되게 말이다.

-기서결식 사고도 중요하다

그냥 마구 이야기 하는 것보다 아주 간략한 것이라도 기서결식 사고로 이야가 한다, 물론 시험장에 가면 그런 호흡을 할 시간이 많지 않으니 말이다.

-잘 될수록 자신의 근거 학습파일 서브노트가 튼실해 보인다

스스로 파일이 좀 부실부실해보이는 면이 있었는데 이제는 좀 더 간다는 식으로 해서 더 튼실하게 느껴지도 든든해져서 스스로 의지할 수준이 된다.

-문제집과 별도의 자기 학습파일의 기능이 확실하게 잘 분리가 된다

문제집 등이 지저분해지지 않고 깔끔해진다. 과거에는 이렇게 뭐가 많이 붙은거 보면 언제 다하기 아 이건 뭐지 개념이 생기는데 잘 마스터가 되면 내용의 핵심이 개념으로 바뀐다.

-하나의 소 테마에 자신이 스스로 이야기할 거리가 좀 자연스럽게 붙는다

뭔가를 내가 테마에서 이야기를 해봐야지 하고 시도를 할 때도 그게 자연스럽지 못하면 그것을 억지로 외워야 할 대상으로 생각하게 되는데 그러지 않고 자연스럽게 자신에게 설명으로 아니면 설명하는 능력으로서 존재하게 느낀다.

-결정적 한두마디가 이해와 본질을 파고 들어간다

1) 기본 의미

좋은 지식은 절대로 장황하지 않다. 중요한 거 한두말인데 그게 좀 숨겨져 있는거 아닌가? 스스로도 잘 표현한 것을 보면 아, 그게 그렇게 연결이 되는구나, 그게 그런 큰 뜻이 있구나하고 생각하게 된다.

2) 이거냐 저거냐에서의 강력한 한방

이거냐저거냐의 갈등상황에서 강력한 한방도 의미가 있고 중요하다. 한쪽으로 갈 수밖에 없는 좀 더 과격한 표현도 섞어가면서 쓰면 기억도 남고 논리도 산다.

-효율적인 논리를 만들수록 암기의 부담은 덜하다

그전의 공부들은 설명논리가 희박하니까 자꾸 끄나풀을 가지고 외우려고 아등바등하게 됨을 느낄 것이다. 그러나 설명논리가 좋으니 명문대 C 교수식으로 하면 깔끔히 설명이 되니, 기억적 아등바등이 없어짐을 느낀다,

-이렇게 술술 풀어내지 않으면 너무 어려운 과목들은 풀어내기가 너무 힘들다

어려운 과목일수록 논리와 유기성이 중요하다. 그래서 이렇게 술술 풀어내지 않으면 너무 어려운 과목들은 풀어내기가 너무 힘들다. 그야 말로 돌 씹는 기분이다. 그러기에 반드시 이렇게 논리로 술술 가게 풀어내야 한다.

-나름 평석가라고 생각하고 자신있게 적어보자

틀려도 좋다. 어차피 학습을 위한 것이다. 나름 평석가처럼 생각하자. 유연하고 논리적으로 잘 설명하는 데에 도움을 준다.

2. 대화 내지는 대화체를 염두에 두고 생각하기

-의미

지식을 풀어냄에 있어서 대화는 기본이다. 마치 소크라테스와 플라톤이 대화를 통해서 진리에 이른 것처럼 대화는 그런 기본을 가진다.

-질문과 답 구조

우리도 무엇인가를 읽어가면서 어떤 정보를 흡수해가면서 그것에 대해서 모르는 것이 나옴은 어찌보면 아주 당연한 것이다. 그것을 해결하는 가운데에서 답이 나오고 그게 그 학습의 정수가 된다.

-유능한 강사들의 비유

유능한 강사는 그것을 공부하는 학습자들이 무엇을 모르는지에 대해서 아주 잘 아는 사람이 된다. 그런 포인트를 일단 잘 알고거기에 어떤 이야기를 해줘야 좋아할지에 대해서 잘 이야기 해주는 사람이 좋은 강사가 된다.

-계속 자신의 표현을 가다듬어야 한다

특히 뛰어나다고 자타가 공인하려면 그 직관적 해설 꿰뚫는 용어들이 되어야 한다. 그러기 위해서 계속 가다듬고 정돈을 해야 한다.

-좋은 대화법이 되려면 좋은 질문이 나와야 한다

학습자인 나의질문요령과 접근이 나쁘지 않으니 좋은 대답이 나오게 된다. 이런 질문들이 또 새로운 지식의 페러다임이 된다. 기존의 책들에서 해주지 않았던 것 말이다.

-스스로 단정하고 외부로 표출해 보임의 우수성

그런 것을 자신의 파일에 담아서 노트에 담아서 외부로 표출을 하면 스스로 꽁하게 가지고 있던 것들의 지식이 달라짐에 대해서 느끼게 된다.

-묻다보니 이해되고 묻다보니 합격이다

말 그렇게 된다면 아주 좋은 시스템이고 그간의 학습체계를 부정하는 것이다. 이제는 누가 잘 질문을 세우는가가 중요한 것이 된다. 이런 페러다임이 되면 해당 시험에 대한 접근도 최근 몇년에 뭐가 바뀌는 것이고, 극단적으로 학원도 필요 없게 되고 하는 상황이 된다.

-질문받아주는 선생님

우수학생들은 말한다. 아, 과외선생님까지는 필요 없고 질문 받아주는 분이 있으면 좋겠다고 하고 말이다. 특히 고교시절의 최난제 과목인 수학 등에서는 말이다. 그런 마음으로의 자문자답 또는 대화식 공부를 지향한다.

-감정적 단어를 써서 표현해도 된다

'흥'같은 단어를 써도 된다. 학습의 목적만 달성한다면야. 흥 같은 사실적 논리들이 만들어진다.

-스토리라인의 형성

오티티가 더 유행할수록, 넷플릭스의 비중이 더 커질수록 스토리의 중요성이 커지고 있다. 그것을 공부에 대입을 해보면 대화가 스토리 라인이 되기도 한다. 즉 대화의 저술인 플라톤과 소크라테스의 대화처럼 인공지능과 나의 대화를 저술로 담게 된다. 그것은 본론에 대한 것이다:

3. 좋은 변화로 바뀌는 학습 주변 여건들이 변화

-의미

책이나 기타 여러 가지 여건들이 이런 변화로 어떻게 달라지는지에 대해서 소개한다.

-교과서(문제집)의 변화

1) 기본 의미

부담을 주고 이거 언제다 보나 하는 존재에서 아 그래 이것도 결국에는 핵심의 싸움이고 그런 핵심이 잡혀지면 쉽게 전진하는구나 하는 생각이 들게 한다.

2) 단권화의 기능적 원리에 접근

 (1) 일단 단권화에 유리

그렇게 되면 단권화의 원리에 아주 충실히 가게 되는가? 그렇다 물리적 단권화를 뛰어 넘는 기능적 단권화는 학습자로서는 아주 환상의 세계다. 그렇게 가고 있다고 느낀다면 과목 정복과 합격은 따 놓은 당상이다.

 (2) 중복성 검토의 효율성

내용에 대한 이해가 깊어지고 강해지면 내용적 중복성 검토도 뛰어나져서 단권화도 실질적으로 잘 일어난다.

3) 무기화

다듬어진 실력 다듬어진 무기라는 말이 실감이 난다. 그래서 스스로 이 책들정도의 것이면 법조로 치면 연수원급이어서 대한민국 OO분야 기술로는 최고 등급인데 하고 생각을 하게 된다. 제대로의 OO 과목의 책을 갖고 다니는 셈이 된다.

4) 자꾸 더 연결시키고 싶고 더 밝혀보고 싶어 한다

고수들은 말한다. 지식이 도가 올라가면 결국 연결이 되는 것이라고 말이다. 그래서 그게 자꾸 밝혀내는 것 자꾸 연결시켜가는 것을 시도하게 되는 것이 된다. 새 지식들은 새로 분화되어서나오는 것이다.

-책에 있는 지식들의 가치

1) 박물관은 살아있다

영화 박물관을 살아있다를 보면 박물관의 전시물들이 밤에는 살아서 움직인다. 그것처럼 그간 평면적으로 생각한 자식들이 살아서 움직인다. 그래서 이런 지식들의 가치는? 하고 스스로 생각해보게 된다.

2) 지식덩어리의 변화

지식이 예를 들어서 OO법의 경우에 이렇게 하나 하나 풀리면서 전체적 장악은 내게 어떤 모습으로 다가오는가? 그것은 낱낱의 지식이 아주 유기성을 띄어서 결국 크게 덩어리로 와도 내가 버틸수 있다는 식으로 가게 된다

3) 마인드 맵에서의 유기성

마인드맵 공부기법을 보면 지식을 잇게 되는데 그것을 어떤 이들은 언제 저 이음을 다 외우지 하지만 지식이 이해도가 커지면 그런 유기성이 억지로 외우려 해서 외워지는게 아님을 알게 된다

4. 심리적으로 긍정적 변화가 찾아온다

-비유: 에이스 투수처럼

'내가 투수라면 저렇게 꽂아 넣을 수 있나' 하고 프로야구를 보면서 생각을 해본 사람들 많을 것이다. 이렇게 지식이 내 것이 되면 내가 에이스투수가 된 기분이 된다.

-심리적으로 갈등 없는 아침과 새벽을 맞는다

공부를 하면서 학습에 매진하면서 제일 힘든 시간이 새벽과 이른 아침이다, 저녁과 밤은 그렇게 가는데 특히 자고 일어나서는 불안감이 마구 올라온다. 그런데 이렇게 제대로 공부를 해놓으면 그런 갈등이 사라진다. 그래서 심리적으로 갈등 없는 아침과 새벽을 맞는다.

-열정을 계속 간직하게 가는 시스템

우리는 사람이기에 공부에 대한 열정은 수시로 바뀌는가하는 질문에 자신있게 계속 열정이 유지가 된다고만은 이야기를 할 수 없다. 그러기에 그런 열정을 계속 간직 할 수 있는 시스템이라면 참 좋을터인데 말이다. 내가 알면 더 열심히 하게 된다. 그런 나의 열정을 잘 담을수 있는 구조가 지금의 공부 시스템 구조라고 보면 된다.

-풀어나가는 심리의 발생

법률로 치면 판단 결과의 회의론에 내가 너무 많이 빠져있던 것도 사실인데 이런 식으로 해결을 해서 좀 잘 해쳐나갔다는 성공사례도 많이 수집된다.

5. 지식을 돌출 정도로 하려면 노래 암기가 최고다

-의미

우리가 거인의 어깨에 올라타는 셈이라고 잘 이야기를 하는데 이게 마치 그런 거인의 어깨에 올라타는 정점에 있다고 봐야 한다. 노래는 우리에게 잘 써먹으라고 팔 벌리고 있다. 말죽거리 잔혹사에서 현수하고 싶은 거 다 해 하는 김부선처럼 말이다.

-암기라는 게 보는 것만으로 되는 게 아니라서

당연한 이야기지만 자주 보기만 한다고 샤워하듯이 하기만 한다고 외워지는 게 아니다. 그래서 어떤 노력이 필요한데 그런 노력의 결정판으로서는 이제 중요하다.

-장점: 무에서의 유의 형성효로서는 세계 최강

특히 세법처럼 정말로 무에서 유를 형성해야 함이 큰 과목은 이렇게 해서 형성을 시키고 '오 박OO, 아주 대단한데'하고 스스로를 다독일 수 있다.

-장점: 가만히 틀어놓고 반복하는 편한 효과

가만히 틀어놓고 반복하는 편한 효과를 기대하는 게 가능한 것도 여기서의 장점이 된다. 특히 시험이 다가올수록 불안한데 이런 게 지식으로 나를 지지한다고 치면 위로 효과, 위로적 지지효과가 크다.

-장점: 그래도 칙칙한 수험생활 중에 운율이 가미되는 효과

그래서 아주 칙칙할 수 있는 수험생활, 학습생활에 운율이 가미되어서 양념적 효과가 된다.

-장점: 가장 가시적인 유형적인 공부

공부의 가장 힘든 점은 참 뭘 해도 나에게 나를 중심으로 나의 뇌를 중심으로 해서는 뭐가 남은 게 없다는 점이다.

-장점: 책 읽음이 훨씬 더 수월해지고 마음이 덜 쓸쓸하다

특히 무에서 유를 하는 과목의 경우에는 참 읽으면서도 '아이 씨, 이걸 읽으면서도 외워내야 하는데 그게 되나'하고 자책을 많이 하는데 노래가 수반이 되면 완전 암기가 되지 않아도 그래도 기분 좋게 좀 더 안도감을 가지고 책을 읽어내게 된다.

어떤 무엇을 하더라도 확인적 의미의 독서에서 즉 읽으면서 기억을 해내야 하는 독서에서 제일 좋은 방법이다.

-장점: 생활화적 공부

노래에 미친놈 같은 식으로 그야 말로 자나 깨나 공부가 가능하다.

-노래는 가급적 먼 노래보다는 자신의 애창곡을 위주로 한다

-그림하고 결부가 되어야 더 강한 효과를 가지고 온다

그림하고 내용이 결부가 되어야 더 강한 효과를 가지고 오게 되기에 서로 시너지를 노린다.

-노래를 잘 선정하는 것도 그 과목에 대한 실력과 혜안이 생겨서 그런 것이다

그렇게 붙이게 하기 위해서 노래를 잘 선정하는 것도 그 과목에 대한 실력이 생겨서 비례적으로 생기는 모습이다.

-비유: 곳곳에 깔린 지뢰들이 공격을 도와주는 느낌

아 많이 형성이 되었다. 폭탄들이 많이 도와 준다.

6. 8진법

-그림이 최종이다

연상의 최고봉은 그림이다. 그게 마땅한 적절한 것을 넣기가 그래서 그렇지 말이다. 그러나 우리가 어차피 일반적이고 딱딱한 것을 외우기 위해서 별개 개념이 필요하다면 이렇게 그림을 차용해서 외움은 아주 좋다. 즉, 중간과 중간이 연결이 되어서 최고조로 간다.

이러면 지식에 특히 그냥 활자화된 지식에 만개의 꽃을 피우게 되는 셈이 된다.

로마인들은 위대했다. 그냥의 상상속의 그림과 진짜로 존재하는 그림은 천지차이이다. 영원하라 로만이여 영원하라 로마인들이여

공부라는 컴퓨터에 그래픽 카드를 달아서 날개를 달아가는 셈이다.

글자로만 공부하는 것과 비교하면 픽셀로는 거의 100배의 것을 활용하고 그만큼 노력이 감쇄되고 하는 것이다.

-뇌의 이중성에 가장 잘 맞는다

뇌는 기억하려고도 하고 까먹으려고도 한다는 사실이다. 안 까먹으면 터져 버리는 게 뇌이다.

-그림이 사고를 전진시키고 사고를 확장시킨다

그림이 사고를 전진시키고 사고를 확장시킨다. 바로 그것을 전진시키는 그림이라도 붙여야 한다.

-전혀 안 쓰던 뇌의 영역을 쓰는 셈이어서 좋다

-8진법과 이어져서 그림과 그림간의 연결 히어라키를 노린다

이게 맞다면 8진법만으로 하기에는 무리가 있음을 스스로 인정한 셈이다.

-그림의 개수가 합격과 관련한 심적 안정의 지수를 증가시킨다

-두문자의 최대약점인 이게 어디에 쓰는 건지 모르겠다의 극복

그림을 잘 사용해서 그게 어디서 나온건지 모르겠다는 최대한 해소한다. 그것은 두문자의 최대 문제점이다.

-비유: 기억의 바벨탑 쌓기

비유적으로 이야기를 하면 이런 식으로 해서 바벨탑 쌓듯이 하는 것이다.

-무조건 열심히 한다고만 암기가 되는 거 아니다

하수들은 무조건 적극적으로 하자고만 했다. 그러나 시스템이 중요하다.

정말로 안 들어가는데 그렇게 들어가는 그렇게 끼우는 대단한 방법을 알아낸 것이 이것에 해당한다. 이런 식의 것은 회계학 같은 어려운 과목에서도 적용이 되게 된다.

-밀이 어려워서 공부가 어려운거다

-공부는 말이다

공부는 말이다. 결국 또 보니 말말말인데 시퀀스적 운울적 말이 중요하다.

-시간순삭도 좋다

과거에는 밑 빠진 독에 물붓기로 써야 할 시간이 많았는데 말이다.

-그림이 한 몸으로 되는 게 중요하다

그림이 흐트러지면 안 된다. 자연스러운 연상을 노리게 그림이 한 몸으로 되는게 중요하다.

-한 몸으로 표현하든지 강력한 연쇄관계로 표현하든지

한 몸으로 해서 한 덩어리로 표현을 하든지 아니면 강력한 연쇄관계로 표현하든지 해서 강하게 효과를 가지고 오게 해야 한다.

-하이브리드덩어리를 통해서 머리가 바꿔지는 게 최종의 모습

그간의 세상질서와는 좀 다른 이어진 질서로 채워진 머리를 만들어야 한다. 어차피 시험이 그간의 생활질서와는 틀리거나 다른 게 아닌 좀 무관한 것을 가지고 외움을 강요하니 우리도 그에 버티고 대항하기 위해서 이렇게 한다. 남들도 그것을 버티는 방법 중의 하나가 두문자다.

그러니 나도 새롭게 또 외워야 할 게 나오면 다른 생활요소시퀀스를 가지고 와서 대항을 하게 한다.

그런데 그렇게 다른 것을 채우는 게 그냥은 안 되니 행동강령인 파일이 존재해야 하고 그 파일도 정적 성격을 가지니 그것에 동적 성격을 부여하기 위해서 살아있는 덩어리라고 표현을 한다. 즉 책과의 별개의 유형적 성격을

가지고 있음을 보여주기 위해서 살아있는 덩어리라고 한다.

-하이브리드가 되면서 지식이 무에서 유 생명체적 지식이 된다

무엇이든지 살아있는 게 좋잖아하는 마음으로 접근을 해본다. 학습자인 내가 살아있는 게 좋음을 활용하자. 그래서 몸이 기억하는 공부가 되기도 한다. 마치 비유적으로 춤판 벌이기 덩어리는 수화처럼 몸짓과 몸이 기억하는 공부가 되는 게 좋다.

-인간의 도리로서의 제대로 공부가 된다

문제를 푼다고 할 때의 인간은 풀어서의 인간이다. 그래서 인간의 도리로서의 제대로 인간으로서 공부가 된다. 만약에 랜덤하게 본다고 해도 자신의 정신만 제대로 붙들고 있으면 풀이는 이뤄지게 된다. 이 인간의 도리는 학습자로서의 도리이다.

-누수를 채우는 반복도 의미 있는 반복이 된다

-종합이 된 게 대략 50퍼센트 목표치로 해서 기억남을 목표로 한다

-인과응보적이라서 노력을 해야 결과가 나온다

-쌍극자암기와의 관련성

쌍극자 암기도 결국에는 뭔가의 하나를 해서 그 특징으로 쌍극자를 연결해서 잡기였다. 그게 좀 더 난이도가 있으면 거기에 인물을 붙여서 강화를 시키고 좀 더 난이도가 있다면 히어라키 적으로 해서 노래를 한다. 다만 그 노래의 구조는 이렇게 잡는 게 이상적이다. 이 구성의 전제는 잊을 수도 있다는 점이다. 그래서 계속 노력이 필요하다는 점이다.

7. 전문 공부

-전문 공부의 의미

자격증을 딴 전문가이거나 아니면 그 아래에서 같이 일하는 실장 등의 전문사무원들은 자기분야의 그것도 아주 좁은 분야만 알지 그 이상을 가면 잘 모른다. 그래서 그런 전문 공부가 중요하다.

-세상이 어지러울수록 자기공부가 최고다

세상이 아주 어지러이 가고 있다. 어지러울수록 자기 공부가 최고다 . 그게 제일 남는 것이기 때문이다

-전문공부일수록 효율적으로 해야 한다

시간들이 없지 않은가? 그러니 더욱더 효율을 노려야 한다. 바쁘지 않은 전문가 바쁘지 않은 전문사무원은 없다. 그러니 그런 사람들의 전문 공부일수록 더욱더 효율을 높여야 한다.

-전문 지식은 꺼내 쓴다의 논리

법조계를 접하지 못한 사람들의 입장에서는 법조인들을 보면서 '와, 그 많

은 방대한 법을 어떻게 다 알고 남을 위해서 상담을 해주고 하지?'하고 생각한다. 그러나 법조계에 입문을 하면 제일 먼저 배우는 사실이 그 많은 방대한 지식을 다 머리에 담는 게 아니라 필요할 때 꺼내서 쓴다는 게 핵심이라는 사실이다. 그렇게 전문지식은 꺼내서 쓰는 것 이지 다 담아두는 게 아니기에 공부의 효율성은 더욱더 필요하다.

-전문 공부일수록 이런 포인트를 봐야 한다

그렇겠구나 하는 것은 문제가 안 되고 그건 좀 그런데 내지는 그건 좀 아닌데 하는게 포인트이다. 수험 때도 그렇지만 결국 판시 등의 암기에서 가장 문제는 바로 자신이 그간 가진 자연법에 어긋나는 경우이다. 거기를 잘 포착해서 봐야 하고 내 것으로 넣어야 한다.

-당연한 것과 다소 또는 그 이상 당연하지 않게 다가오는 것을 체크해야 한다

읽어서 조금씩만 지식이 쌓여도 '그것은 그렇겠구나'하고 당연하게 느껴지는 것과 그렇지 않고 '어 이것은 왜 이렇게 되지?;하고 당연하지 않게 생각되는 것을 구변하는 게 가장 중요한 포인트가 된다.

-여백에 필기를 하는 경우에도 그 당연하지 않음 생각해볼 여지가 있음이 관건이다

많은 학습자들이 여백에 필기를 해서 집어넣거나 적어 넣는다. 그런 적어넣은 내용으로서 가장 와야 할 것은 바로 당연하지 않는 내용에 대한 지적 즉, 그런 포인트를 찾아내는 것과 그것을 어떤 식으로 처리해서 내 것으로 할지에 대한 것들이다. 그렇게 치면 결국 책은 원래부터 인쇄되어 있는 부분과 학습자인 내가 적어서 나오게 하는 부분들로 나눠지게 되는데, 인쇄되어 있는 것이야 당연히 진리이고 기지(기지)의 사실로 받아들여지니까 제시가 될 터이니 그게 결합이 된 게 바로 종합적으로 그 해당 분야나 해당과목의 총합적 사실로 다가온다.

-전문 공부에서도 암기를 해야만 공부한 게 남는다

여러분들이 다른 전문분야를 공부해서 남들에게 보여줄 때도 그게 결국에는 '체화'가 되어야 의미가 있다. 그냥 입에서 머리에서 우물우물하는 지식으로는 의미가 없다.

-외워야 내 지식으로 남고 남들에게도 보여진다
남들에게 보여주고 남들에게 인정받는 그런 지식이 되기 위해선 절대적으로 암기가 되어야 한다. 그것을 도와주려고 필자는 애를 쓸 것이다.

-암기는 늘 숙제

암기는 수험에서도 큰 숙제인데 전문 공부를 함에도 내가 외울 것인가? 외운다면 어디까지 외우고 결심을 할 것인가는 아주 문제이다. 그래서 그에 대한 도움이 필요하다.

-가장 효율적으로 외우게 하기

필자는 가장 검증된 방식으로 가장 쉽게 외우게 하는 도움을 줄 것이다. 특히 앞서 말한 지식은 꺼내 쓰는 것과의 조화적으로 얼마까지를 외우고 얼마는 외우지 않고 가는가는 참으로 중요한 부분으로 계속 작용한다.

-전문공부에의 암기가 더욱더 어려운 이유는 용어가 어렵기 때문이다

용어가 어려움은 그 분야의 전문성을 표상한다. 물론 그것은 진입장벽처럼 그 분야에서의 현학적 요소도 가지고는 있으나 그에 대해서 의미가 크게 온다. 그것을 잘 돌파해야 한다.

-전문 공부에서의 아주 쉽게 암기하는 법

(1) 친숙도를 늘려라

친숙도를 늘리는 게 중요하다. 물론 모든 공부의 과정은 다 반복을 통해서 친숙도를 늘리지만 그것을 어떻게든 더 고속화 하는 게 관건이다. 용어가 어렵고 구가상황이 어렵다면 더욱이나 친숙도를 높이는 것은 아주 중요하

다.

(2) 시퀀스활용

시퀀스란 이어짐이다. 순서이기도 하고 말이다. 그런 이어짐과 순서가 잘 연결이 되어야 뭔가의 성과가 나온다. 암기도 결국 이어짐이니 말이다.

뭔가 잘 술술 연결이 되면, 그게 시퀀스다. 우리가 뭔가 생활에서도 이야기가 술술 연결이 잘되는 경우가 있다. 그게 바로 시퀀스다. 그래서 그것을 이용하면 학습이 용이하다. 텔레비전에서의 오락프로를 봐도 쿵쿵따 쿵쿵따 하면서 말이 끝말잇기 식으로 잘 연결이 됨을 볼 것이다. 그게 바로 시퀀스다.

혼자서 전문지식을 읽을 때에도 필자를 만나기전에 여러분들이 혼자서 전문지식을 읽을 때에도 뭔가가 그 부분만큼은 시퀀스에 의해서 흘러가는 것이 된다.

(3) 인문사회지식 총동원

이런 전문 공부가 어려운 것은 용어의 문제도 있지만 동류화가 되지 않은 지식들을 동류화 하는 가운데에서 머리에 담아둬야 하는 측면이 아주 크다. 그러기에 그럴 때는 거의 유일한 해법이 있다. 바로 자신이 아는 모든 인문사회적 기타 지식들을 총동원해서 암기를 하는 것이다. 어찌보면 수험생들이 가장 많이 쓰는 두문장암기 같은 것도 그런 것인데 그것은 그래도 아주 가장 초보적인 형태로 봐야 한다. 그런 인문사회적 지식을 가지고 암기를 하고 이해도를 높이는 것이 필자가 여러분들에게 해줄 수 있는 도움 중의 하나이기도 하다.

(4) 내 머리 안에서 복기가 되게 한다

결국 전문지식이 발현이 되기 위해서는 남들에게 시각이나 청각으로 가게 해야 한다. 그러려면 자신이 먼저 그 지식들에 능해야 한다. 그래서 그게 내 머리 안에서 복기가 되게 한다고 보면 된다.

내 입에서 나와야 한다. 그게 차고 넘치면 결국은 나의 입에서 나와야 한다. 그것의 단계까지 안가면 머릿 속의 음성으로 그야 말로 '뇌입'으로라도 나와야 한다.

우리 책은 포인트는 지정의 식이다. 아주 두툼한 개론서가 아니라 그 개론서를 잘 보게 하는 것이다. 우리 책은 어느 분야의 타지식을 익히게 하기 위한 두터운 지식의 책이 아니라 그 지식에서 가장 엑기스가 되는 부분을 어떻게 이해를 할까에 대해서 제시를 해주는 책이다.

8. 스타링크

: 해당 과목을 전체적인 별자리나 천체관으로 생각하고 외우기

-의미

스타링크는 해당과목을 전체적인 별자리나 천체관으로 생각하고 외우기를 말한다. 외국어도 어떤 사람이 꽤 해당 외국어로 소통이 된다고 하면 그것은 그 사람이 그 외국어에 스타링크가 형성이 된 것이라고 봐야 한다. 즉 스타링크가 되면 그 과목에 외국어이든 수험과목 학습이든 되는 거다.

-스타링크의 개념구성요소

개념구성요소, 핵심요소는 다음과 같다.

(1)구조성 (2)수축확정적 자유자재성 (3)위치적 자유자재성

구성요소의 본질에는 공부란 게 잘 압축하면 양이 확 줄어든다의 사고가 있다.

구성요소의 본질에는 이런 사고도 존재한다. 즉 공부란 게 잘 압축하면 양이 확 줄어든다의 사고 말이다. 그 사고는 이런 식으로 분화되어서 나온다.

-시험 전 날 뚫어지게 책만 쳐다보는 게 너무 싫다고 하는 사람에게 적합

그런 부류의 사람이 있다. 굳이 말하면 자유인이라고나 할까? 시험전 날 뚫어지게 책만 쳐다보는 게 너무 싫다고 하는 사람들 말이다. 그런 사람에게 이 방법은 적합하다

-스타링크로 지식들이 구현이 되면서 행복감이 상승

연관이 되는 시퀀스는 한숨에 쭉 풀어주는 게 복습이자 리뷰다. 그리고 그게 되면 스스로 대견해하면서 기분 좋다.

스타링크:시퀀스 개념이 스타링크를 가게 하고 스타링크는 시퀀스를 완벽하게 해준다

-시퀀스매칭활동의 최종 안착역이 목적지가 스타링크

그냥 무조건 만드는 게 아니라 확실한 최종목적의식으로 귀결된다. 그래서 나의 시퀀스를 완성시키는 집요함이 꽃피게 한다.

-두문자 시퀀스 등을 찾아보면서 제일 잘 하는 말 아 이거였지가 없게 하는게 중요하다

두문자 등을 가지고 공부하면 제일 문제가 아 이거였지 하면서 그 두문자의 주소 등이 바로 연결이 안 되는 경우가 문제다. 그런 것을 해결하기 위한 것이 바로 이것이다.

-독경

1) 부분적 독경

스타링크가 됨은 이게 진정한 의미의 독경이다. 어떤 이가 부분적으로 구현된 것을 가지고 씨름하고 있다면 그것은 허둥지둥적 독경 또는 부분적 독경이라고 할 수 있다.

2) 보조도구 없이 되어야 제대로의 독경이고 스타링크

녹음 테입 같은 보조도구 없이 되어야 하는 게 제대로의 독경이다. 즉 완전히 뇌의 활동만으로 되어야 하는 게 완벽한 의미에서의 독경이다.

3) 수도승 비슷하게

독경이 되면 진짜로 수도승이고 그가 써내는 게 거의 준경전에 이르는 그야말로 크리스천 서점에 나오는 것들이다.

도 서 명: 등기법 암기 연구-등기 관련 장부 등을 중심으로
저　　자: 자격증수험연구회
초판발행: 2025년 08월 18일
발　　행: 수학연구사
발 행 인: 박기혁
등록번호: 제2020-000030호
주　　소: 서울특별시 영등포구 버드나루로 130 1층 104호(당산동, 강변래미안)
Tel.(02) 535-4960　Fax.(02)3473-1469

Email. kyoceram@naver.com

수학연구사 Book List

9001 고1,고2 내신 수학은 따라가지만 모의고사는 망치는 학생의 수학 문제 해결법
저자 수학연구소 / 19,500

9002 이공계 은퇴자와 강사를 위한 수학 과학 학습상담센터 사업계획 가이드
저자 수학연구소 / 19,500

9003 고3 재수생 수능 수학 만점, 양치기를 어떻게 바라보고 극복할 것인가
저자 수학연구소 / 19,500

9004 대학생들이 세상에서 가장 효율적으로 일본어를 정복하는 방법
저자 최단시간일본어연구회 / 19,500

9005 프랑스어를 꼭 공부해야 하는 대학생들이 쉽게 어려운 단어를 외우는 방법
저자 최단시간프랑스어연구회 / 19,500

9006 중국어를 빠르게 배우고 싶은 해외 파견 공무원들을 위한 책
저자 최단시간중국어연구회 / 19,500

9007 변리사들이 효율성 높게 일본어를 익히는 법
저자 변리사실무연구회 / 19,500

9008 세무사가 업무상 필요한 일본어 청취를 빠르게 습득하는 법
저자 세무사실무연구회 / 19,500

9009 심리상담사가 프랑스어 단어를 빠르게 익히는 방법
저자 상담심리실무연구회 / 19,500

9010 업무용 일본어 듣기의 효율성을 높이는 법: 해외파견공무원용
저자 공무원실무연구회 / 19,500

9011 관세사들이 스페인어 단어를 쉽고 빠르게 외우는 법
저자 관세사실무연구회 / 19,500

9012 스페인어 리스닝을 쉽게 하는 법: 해외파견금융기관직원을 위한 책
저자 금융실무연구회 / 19,500

9013 관사세가 알면 좋을 프랑스어 단어를 효율적으로 외우는 법
저자 관세사실무연구회 / 19,500

9014 법조인이 알면 좋을 스페인어 단어를 빠르게 익히는 법
저자 법조인실무연구회 / 19,500

9015 법조인이 알면 좋을 스페인어 단어를 빠르게 익히는 법
저자 법조인실무연구회 / 19,500

9016 미용 뷰티업계에서 알면 좋을 이탈리아어 단어 빠르게 외우는 법
저자 뷰티실무연구회 / 19,500

9017 간호대학생과 간호사 의학용어시험 만점! 심장순환계통단어 암기법
저자 의학수험연구회 / 19,500

9018 항공공항업계에서 알면 좋을 스페인어 단어 스피드 암기법
저자 항공공항실무연구회 / 19,500

9019 약사와 약대생을 위한 의학용어 만점암기법_ 심장순환계와 근육계
저자 의학수험연구회 / 19,500

9020 한의사와 한의대생을 위한 양의학용어 암기법_ 호흡기와 감각기
저자 의학수험연구회 / 19,500

9021 의료변호사를 위한 의학용어 암기법_ 소화기와 비뇨기
저자 의학수험연구회 / 19,500

9022 건강보험공단 직원과 취준생을 위한 의학용어 암기법_ 감각기와 호흡기
저자 의학수험연구회 / 19,500

9023 간호사 국가고시 합격기간 단축하기_ 1교시 성인간호, 모성간호
저자 의학수험연구회 / 19,500

9024 건강보험공단 직원과 취준생을 위한 의학용어 암기법_ 감각기와 호흡기
저자 의학수험연구회 / 19,500

9025 수의사와 수의대생을 위한 의학용어 암기법_ 근골계와 심장순환계
저자 의학수험연구회 / 19,500

9026 식품위생직, 식품기사 시험을 위한 식품미생물 점수 쉽게 따기
저자 식품위생연구회 / 19,500

9027 영양사 시험 스피드 합격비법_ 1교시 영양학, 생화학, 생리학 중심
저자 영양사시험연구회 / 19,500

9028 영양사 시험 스피드 합격비법_ 2교시 식품학, 식품위생 중심
저자 영양사시험연구회 / 19,500

9029 6급 기관사 해기사 자격 시험 스피드 합격비법
저자 해기사시험연구회 / 19,500

9030 재배학개론 농업직 공무원시험 스피드 합격비법
저자 공무원시험연구회 / 19,500

9031 식용작물학 농업직 공무원시험 스피드 합격비법
저자 공무원시험연구회 / 19,500

9032 수능 지구과학1 입체적 이해로 만점 받기
저자 수능시험연구회 / 19,500

9033 건축구조 건축직 공무원 시험 교과서 술술 읽히게 하는 책
저자 공무원시험연구회 / 19,500

9034 위생관계법규 조문과 오엑스 조리직 공무원시험
저자 공무원시험연구회 / 19,500

9035 자동차구조원리 운전직 공무원 시험 교과서 술술 읽히게 하는 책
저자 공무원시험연구회 / 19,500

9036 수의사와 수의대생을 위한 의학용어_ 암기법 소화기와 비뇨기
저자 의학수험연구회 / 19,500

9037 도로교통사고 감정사 1차 시험 교과서 술술 읽히게 하는 책
저자 자격증수험연구회 / 19,500

9038 위험물산업기사 필기시험 교과서 술술 읽히고 암기되게 하는 책
저자 자격증수험연구회 / 19,500

9039 소방관계법규 조문과 오엑스 소방직 공무원시험
저자 공무원시험연구회 / 19,500

9040 양장기능사 필기시험 교과서 술술 읽히고 암기되게 하는 책
저자 자격증수험연구회 / 19,500

9041 섬유공학 패션의류 전공자가 섬유가공학 술술 읽고 학점도 잘 받게 해주는 책
저자 섬유공학패션연구회 / 19,500

9042 의류복식사 술술 읽고 학점 잘 받게 해주는 섬유공학 패션의류 전공자를 위한 책
저자 섬유공학패션연구회 / 19,500

9043 반도체장비유지보수 기능사 필기 교과서 술술 읽히고 암기되게 하는 책
저자 자격증수험연구회 / 19,500

9044 4급 항해사 해기사 자격 수험서 술술 읽히고 암기되게 하는 책
저자 자격증수험연구회 / 19,500

9045 접착 계면산업 관련 논문 특허자료 술술 읽히고 암기되게 하는 책
저자 접착계면산업연구회 / 19,500

9046 재수삼수 생활로 점수 올려 대입 성공한 이야기
저자 오답노트컨설팅클럽 / 19,500

9047 치위생사 국가시험 수험서 술술 읽히고 암기되게 하는 책
저자 자격증수험연구회 / 19,500

9048 치위생사 국가시험 수험서 술술 읽히고 암기되게 하는 책_ 2교시 임상치위생처치 등
저자 자격증수험연구회 / 19,500

9049 가스산업기사 필기시험 수험서 술술 읽히고 암기되게 하는 책
저자 자격증수험연구회 / 19,500

9050 응급구조사 1,2급 시험 수험서 술술 읽히고 암기되게 하는 책
저자 자격증수험연구회 / 19,500

수학연구사 Book List

9051 떡제조기능사 시험 수험서 술술 읽히고 암기되게 하는 책
저자 자격증수험연구회 / 19,500

9052 임상병리사 시험 수험서 술술 읽히고 암기되게 하는 책
저자 자격증수험연구회 / 19,500

9053 의료관계법규 4대법 조문과 오엑스 뽀개기 의료기술직 공무원시험
저자 공무원시험연구회 / 19,500

9054 간호학 전공자가 간호미생물학 술술 읽고 학점도 잘 받게 해주는 책
저자 간호학연구회 / 19,500

9055 간호사 국가고시 합격기간 단축하기_ 2교시 아동간호, 정신간호 등
저자 의학수험연구회 / 19,500

9056 도로교통법규 조문과 오엑스 뽀개기 운전직 공무원시험
저자 공무원시험연구회 / 19,500

9057 전기공학부생들이 시험 잘 보고 학점 잘 따는 법
저자 기술튜터토니 / 19,500

9058 간호대학생들이 약리학을 쉽게 습득하는 학습법
저자 간호학연구회 / 19,500

9059 의치대를 목표하는 초등생자녀 이렇게 책 읽고 시험 보게 하라
저자 의치대보낸부모들 / 19,500

9060 지적관계법규 조문과 오엑스 뽀개기 지적직 공무원시험
저자 공무원시험연구회 / 19,500

9061 방송통신대 법학과 학생이 학점 잘 받게 공부하는 법
저자 법학수험연구회 / 19,500

9062 공인중개사 1차 시험 쉽게 합격하는 학습법
저자 법학수험연구회 / 19,500

9063 기술직 공무원 시험 쉽게 합격하는 학습법
저자 공무원시험연구회 / 19,500

9064 독학사 간호과정 공부 쉽게 마스터하기
저자 간호학연구회 / 19,500

9065 주택관리사 시험 빠르게 붙는 방법과 노하우
저자 자격증수험연구회 / 19,500

9066 비로스쿨 법학과 대학생들을 위한 공부 방법론
저자 법학수험연구회 / 19,500

9067 기술지도사 필기시험 빠르고 쉽게 합격하는 학습법
저자 자격증수험연구회 / 19,500

9068 감정평가사 시험 스트레스 낮추고 빠르게 최종 합격하는 길
저자 자격증수험연구회 / 19,500

9069 의무기록사 시험 합격을 위한 의학용어 암기법_ 순환계와 근골계
저자 의학수험연구회 / 19,500

9070 의무기록사 시험 합격을 위한 의학용어 암기법_ 소화기와 비뇨기
저자 의학수험연구회 / 19,500

9071 감정평가사 2차 합격을 위한 서브노트의 필요성 논의와 공부법
저자 자격증수험연구회 / 19,500

9072 감정평가사 민법총칙 최단시간 공부법과 문제풀이법
저자 자격증수험연구회 / 19,500

9073 게임 IT업계 직원이 영어를 빠르게 듣고 말할 수 있는 방법
저자 최단시간영어연구회 / 19,500

9074 IT 게임업계 직원이 효율적으로 빠르게 일본어를 습득하는 법
저자 최단시간일본어연구회 / 19,500

9075 게임회사 IT업계 직원이 프랑스어 단어를 빨리 익히는 법
저자 최단시간프랑스어연구회 / 19,500

9076 경영지도사가 빠르고 효율적으로 중국어를 배우는 법
저자 최단시간중국어연구회 / 19,500

9077 유튜버가 일본어 청취를 빠르게 익히는 방법
저자 최단시간일본어연구회 / 19,500

9078 법조인들이 알면 좋을 프랑스어 단어를 빠르게 익히는 법
저자 최단시간프랑스어연구회 / 19,500

9079 경영지도사에게 필요한 스페인어 단어 빠르게 익히기
저자 최단시간스페인어연구회 / 19,500

9080 일본어 JLPT N4, N5 최단시간에 합격하는 법
저자 최단시간일본어연구회 / 19,500

9081 관세사에게 필요한 이탈리아어 단어 빠르게 익히기
저자 최단시간외국어연구회 / 19,500

9082 일본 관련 사업을 하는 중개사를 위한 효율적인 일본어 듣기법
저자 최단시간외국어연구회 / 19,500

9083 일본 취업 준비생을 위한 일본어 리스닝과 단어 실력 빠르게 올리는 방법
저자 최단시간외국어연구회 / 19,500

9084 관세사에게 필요한 중국어 빠르게 습득하는 법
저자 최단시간외국어연구회 / 19,500

9085 누적과 예측을 통한 영어 말하기와 듣기 해답_ 해외진출자를 위한 책
저자 최단시간외국어연구회 / 19,500

9086 스페인어를 공부해야 하는 대학생들이 빠르게 단어를 숙지하는 법
저자 최단시간외국어연구회 / 19,500

9087 취업 준비 대학생은 인생 자격증으로 공인중개사 시험에 도전하라
저자 자격증수험연구회 / 19,500

9088 고경력 은퇴자에게 공인중개사 시험을 강력 추천하는 이유와 방법론
저자 자격증수험연구회 / 19,500

9089 효율적인 4개 국어 학습법과 외국어 실력 올리는 방법
저자 최단시간외국어연구회 / 19,500

9090 여성들의 미래대안 공인중개사 시험 도전에 필요한 공부 가이드
저자 자격증수험연구회 / 19,500

9091 해외파견근무직원들이 이탈리아어 단어 빠르게 익히는 방법
저자 최단시간외국어연구회 / 19,500

9092 영어 귀가 뻥 뚫리는 리스닝 훈련법
저자 최단시간외국어연구회 / 19,500

9093 열성아빠를 위한 민사고 졸업생의 생활팁과 우수 공부비법
저자 교육연구회 / 19,500

9094 유초등 아이 키우는 열정할머니를 위한 민사고 생활팁과 공부가이드
저자 교육연구회 / 19,500

9095 심리상담사가 일본어를 쉽게 배울 수 있는 노하우와 팁
저자 최단시간외국어연구회 / 19,500

9096 법조인을 위한 들리는 소리에 집중하는 외국어 리스닝과 단어 훈련법
저자 최단시간외국어연구회 / 19,500

9097 관세사를 위한 문법 상관없이 받아 듣고 적는 외국어 학습법
저자 최단시간외국어연구회 / 19,500

9098 민사고에 진학할 똑똑한 중학생을 위한 민사고 공부팁과 인생 이야기
저자 교육연구회 / 19,500

9099 해외파견근무직원들을 위한 프랑스어 단어 쉽게 배우기
저자 최단시간외국어연구회 / 19,500

9100 해외파견근무직원들이 일본어를 쉽고 빠르게 공부하는 방법
저자 최단시간외국어연구회 / 19,500

수학연구사 Book List

9101 대학생들이 이탈리아어 단어 쉽고 빠르게 익히는 법
저자 최단시간외국어연구회 / 19,500

9102 뷰티 화장품 업계에서 알면 좋을 스페인어 단어 쉽게 익히기
저자 최단시간외국어연구회 / 19,500

9103 민사고 진학에 갈등을 느끼는 딸바보 아빠를 위한 인생 조언과 공부법
저자 교육연구회 / 19,500

9104 유튜버를 위한 영어 리스닝과 스피킹 실력 빠르게 올리는 법
저자 최단시간외국어연구회 / 19,500

9105 해외파견직들을 위한 문법 없이 어학 공부하는 방법
저자 최단시간외국어연구회 / 19,500

9106 변리사가 프랑스어 단어를 쉽고 빠르게 배우는 법
저자 최단시간외국어연구회 / 19,500

9107 법조인이 알면 좋을 중국어 스피드 습득법
저자 최단시간외국어연구회 / 19,500

9108 임용고시 합격하려면 고시 노장처럼 공부하지 마라
저자 임용고시연구회 / 19,500

9109 임용고시 합격을 위한 조언_ 공부로 생긴 스트레스 공부로 풀어라
저자 임용고시연구회 / 19,500

9110 가맹거래사 시험 법학에 자신이 없는 사람들이 꼭 봐야 할 합격법
저자 자격증수험연구회 / 19,500

9111 가맹거래사 책이 쉽게 이해되지 않는 사람들을 위한 수험전략 가이드
저자 자격증수험연구회 / 19,500

9112 항공 및 공항 업계에서 알면 좋을 이탈리아어 단어 효율 암기법
저자 최단시간외국어연구회 / 19,500

9113 은퇴자를 위한 외국인과 만나는 게 즐거운 영어 리스닝 방법
저자 최단시간외국어연구회 / 19,500

9114 항공과 공항업계인을 위한 일본어 듣기와 단어 청크 단위 학습법
저자 최단시간외국어연구회 / 19,500

9115 유튜버가 프랑스어 단어에 쉽게 접근하고 익히는 법
저자 최단시간외국어연구회 / 19,500

9116 대학생이 필요한 스페인어 청취를 빠르게 습득하는 법
저자 최단시간외국어연구회 / 19,500

9117 해외파견직들을 위한 스페인어 단어 스피드 학습법
저자 최단시간외국어연구회 / 19,500

9118 관세사를 위한 직청직해 소리단어장 다국어 훈련법
저자 최단시간외국어연구회 / 19,500

9119 경비지도사 처음 도전하는 사람들이 꼭 알아야 할 시험 접근법
저자 자격증수험연구회 / 19,500

9120 유튜버가 이탈리아어 단어 효율적으로 익히는 방법
저자 최단시간외국어연구회 / 19,500

9121 관세사가 빠르고 쉽게 일본어 실력 올리는 법
저자 최단시간외국어연구회 / 19,500

9122 영어가 부족한 법조인을 위한 리스닝과 스피킹 효율 학습법
저자 최단시간외국어연구회 / 19,500

9123 미용 뷰티업계에서 알면 좋을 일본어 쉽게 접근하는 법
저자 최단시간외국어연구회 / 19,500

9124 대학생을 위한 외국어 공부법_ 문법은 버리고 소리에 집중하자
저자 최단시간외국어연구회 / 19,500

9125 심리상담사가 스페인어 단어를 효율적으로 배우는 방법
저자 최단시간외국어연구회 / 19,500

9126 대학생을 위한 다양한 외국어 쉽게 접근하게 해주는 가이드
저자 최단시간외국어연구회 / 19,500